《画说中国农村改革40年（1978—2018）》

编 委 会

总撰稿：刘　奇

撰　稿：吴天龙　梁腾坚　胡振通　马　铃　徐　伟　王英姿

霍雨佳　王凤婷　庄家煜　孙川东　郭志芳

—— 中宣部2018年对外出版任务类项目 ——

画说
中国农村改革
40年

1978—2018

刘 奇◎著

人民画报社◎供图

全 国 百 佳 图 书 出 版 单 位

APGTIME 时代出版传媒股份有限公司

安 徽 人 民 出 版 社

图书在版编目（CIP）数据

画说中国农村改革 40 年（1978—2018）/ 刘奇著；人民画报社供图 .—合肥：安徽人民出版社 , 2018.11

ISBN 978-7-212-10309-5

Ⅰ . ①画… Ⅱ . ①刘… ②人… Ⅲ . ①农村—改革开放—成就—中国— 1978-2018 —图集 Ⅳ . ① D619-64

中国版本图书馆 CIP 数据核字 (2018) 第 254946 号

本书大部分图片由人民画报社中国专题图库提供，已注明出处，其他使用图片已注明作者名，作者可与我社总编办联系 0551-63533296，便于我社支付图片稿酬。

画说中国农村改革 40 年（1978—2018）

刘奇 著
人民画报社 供图

出 版 人：徐 敏　　　　　　　　　　选题策划：刘 哲
责任印制：董 亮　　　　　　　　　　责任编辑：任 济　王大丽
责任校对：张 春　方贵京　　　　　　装帧设计：陈 爽

出版发行：时代出版传媒股份有限公司 http://www.press-mart.com
　　　　　安徽人民出版社 http://www.ahpeople.com
地　　址：合肥市政务文化新区翡翠路 1118 号出版传媒广场八楼
邮　　编：230071
电　　话：0551-63533258　0551-63533259（传真）
印　　刷：安徽联众印刷有限公司

开本：787mm×1092mm　1/8　　　印张：23.5　　　字数：230 千
版次：2018 年 11 月第 1 版　　　　　　　　　2018 年 11 月第 1 次印刷

ISBN　978-7-212-10309-5　　　　　　　　　定价：260.00 元

目　录

大幕初起

DAMU CHUQI

　　20 世纪后半叶，农历戊午年冬天，一声春雷滚过神州大地。这声春雷使这一年注定成为中国 20 世纪第三次社会巨变的起始年。1978 年 12 月 18 日，中共中央十一届三中全会在北京京西宾馆开幕，一次伟大的历史转折从此开始。会议确立了"解放思想、实事求是"的思想路线，做出了"把全党工作的着重点和全国人民的注意力转移到社会主义现代化建设上来"的重大战略决策。这是一次具有里程碑意义的重要会议，拨乱反正、开创未来。以这次会议为起点，中国进入了改革开放和社会主义现代化建设的新时期，中国农村改革的大幕徐徐开启。

①

　　此前的 20 多年里，"三级所有、队为基础"的农村人民公社，计划管理将"平均主义"发挥到极致，生产大队、生产队和社员都没有生产经营的自主权。加之监管难度大，在这种看似人人都有份，实则人人都无份的"大锅饭"时期"干多干少一个样，干好干坏一个样"，农民的农业生产积极性极度低下。这期间，中国农村先后经历了"大跃进"、恢复生产和"文化大革命"等历史事件，农业生产发展缓慢。到了 1978 年，中国农村的许多地方没能解决温饱问题，有的甚至连简单的再生产也无法维持，农民对改革的渴望十分热切。为了突破僵局，十一届三中全会通过了《中共中央关于加快农业发展若干问题的决定（草案）》，要求在农业集体经济组织内部加强定额管理，纠正分配上的平均主义，使广大干部群众的思想活跃起来。

　　1978 年初冬的一个晚上，安徽省凤阳县梨园公社小岗村西头严立华家低矮残破的茅屋里挤满了 18 位农民，他们个个神情严肃，在一张协议书上纷纷按下红手印。这份协议书不足百字，但内容实在，明确了三点：一是分田到户，户主签字盖章；二是不再向国家伸手

① 1978年12月，安徽凤阳梨园公社小岗生产队的18位农民在一份"生死状"上按下手印，做出分田到户的决定以及村干部甘愿承担由此可能带来一切后果的承诺。全国第一个种田包干责任制由此诞生了。这18位农民，用一种自下而上的方式拉开了中国农村经济改革乃至整个经济体制改革的序幕。小岗村因此被称为"中国农村改革第一村"。这是当年18位农民中的3位。（汪强 摄）

② 1984年10月1日，京郊农民打着"联产承包好"的巨型标语牌参加游行。（孟昭瑞 摄）

要钱要粮；三是如果失败，干部坐牢，社员保证把他们的小孩养活到18岁。这是中国农民面对连年饥荒，为了寻求出路的一次自我救赎，也是农民自发改革农村原有经济体制的大胆尝试，成为中国改革的里程碑而载入史册。这种"保证国家的、留够集体的、剩下都是自己的"大包干分配方式，揭开了农村土地制度改革的序幕。

敢于尝试，才有突破。小岗村的尝试取得了积极成效。1979年10月，小岗村打谷场上一片金黄，粮食总产量13.2万斤，相当于全队1966年到1970年5年粮食产量的总和。村民们从此不用再去讨饭，这里也告别了"吃粮靠返销、用钱靠救济、生产靠贷款"的"三靠村"时代。小岗村不畏生死、敢为人先偷吃"禁果"的壮举，开创了中国农村改革的先河，让亿万农民看到了希望。

1979年中央政策继续松动：要求农村人民公社各级

① 国家博物院收藏的小岗村红手印。（马启兵 摄）
② 和全国农村一样，山西省雁北地区农村在农村改革大潮中，也学习安徽凤阳的生产形式——包产到户。这种以户为主的农业生产，农户的投入与其产出直接挂钩，大大调动了农民的生产积极性。（孙树清 摄）

②

组织都要实行生产责任制，实行按劳分配；对"包产到户"的要求，也从4月份七省会议纪要中的"不许"改成了9月份中国共产党十一届四中全会通过的《中共中央关于加快农业发展若干问题的决定》中的"不要"，原文是"除某些副业生产的特殊需要和边远山区、交通不便的单家独户外，也不要包产到户"。

在中央政策松动的信号指引下，全国许多地区都进行了大胆的尝试。有的叫"小包干"，按人口均分土地到户；有的叫"劳力田"，分配土地时重点考虑劳动力数量，兼顾家庭人口；有的叫"水统旱分"，水田由集体种，旱地按人口分；有的叫"责任田"；还有的将耕地分为"公粮田"和"口粮田"，"公粮田"由集体种，"口粮田"分户种。各地做法不同，叫法也有差异，都尝试了对现有制度的突破，也引发了许多争议：有人支持，认为实行什么办法不重要，重要的是让农民吃饱肚子；有人反对，认为这种做法是向私有制的倒退，偏离了社会主义方向；还有人认为家庭联产承包责任制是"第二次土改"，是要分集体的地。

改革离不开担当，在复杂多变的形势面前，需要有人披荆斩棘，攻坚克难。面对安徽省内一些基层干部对"包产到户"的质疑，时任安徽省委书记的万里说："山南包产到户试验是省委决定的，如果有什么错误，应由省委首先是我来承担。肥西县委强制收回包产田是错误的。要告诉他们，已经实行包产到户的地方，不要强行硬扭，不要跟群众闹对立，不要违背群众意愿，不要挫伤群众生产积极性。包产到户到底对不对？至少要让群众到秋后吧，要让实践来检验。"

在全国激烈讨论"包产到户""包干到户"的关键时刻，改革开放的总设计师邓小平同志对这一做法给予了充分肯定。1980年4月，邓小平在听取姚依林关于长期规划问题的汇报时表态，赞成放宽地广人稀、经济落后、生活贫困的地区的农业政策，鼓励每家每户自己多想办法、多找门路，增加生产、增加收入，指出"农村土地包给组、包给个人"的做法都可以尝试，这不影响我们社会主体性质。一个月后，邓小平同志在同中央负责工作人员谈话时

8

指出，农村政策放宽以后，一些适宜搞包产到户的地方搞了包产到户，效果很好，变化很快。随后，国家颁布了一系列政策文件和法律法规，明确支持实行家庭联产承包责任制，确立农户拥有土地的承包权和经营权，实现了土地使用权与所有权的分离。

1982 年 1 月 1 日，中共中央批转《全国农村工作会议纪要》，纠正了包干到户就是"土地还家"、平分集体财产、分田单干的错误观点，明确指出包产到户、包干到户都是社会主义集体经济的生产责任制。这是中国共产党历史上第一个关于农村工作的 1 号文件，体现了中共中央对农村工作的高度重视。其中对各种生产责任制论断的原文是"目前实行的各种责任制，包括小段包工定额计酬，

专业承包联产计酬，联产到劳，包产到户、到组，包干到户、到组，等等，都是社会主义集体经济的生产责任制。不论采取什么形式，只要群众不要求改变，就不要变动……它是建立在土地公有基础上的，农户和集体保持承包关系，由集体统一管理和使用土地、大型农机具和水利设施，接受国家的计划指导，有一定的公共提留，统一安排烈军属、五保户、困难户的生活，有的还在统一规划下进行农业基本建设。所以它不同于合作化以前的小私有的个体经济，而是社会主义农业经济的组成部分"。

1983 年的 1 号文件在此基础上对家庭联产承包责任制进一步肯定，指出联产承包制是在党的领导下中国农民的伟大创造，是马克思主义农业合作化理论在中国实践中

① 小岗村积极推行生产责任制后，充分调动了农民的积极性。粮食取得连年丰收，各种农村副业也被广泛开展了起来。农民严学昌靠承包村里的水塘养殖，彻底摆脱了贫困。（中国专题图库 供图）

② 到 1982 年，全国农村改革取得显著成效，已有 74% 的生产队实行了包产、包干到户等多种形式的农业生产责任制，为农业生产开创了新局面。左图：安徽凤阳县农民李志庭一家收获小麦；右图：四川省广汉县农民易容和丈夫叶前海勤劳致富得到嘉奖。（北京周报社 组稿）

的新发展。到 1984 年，中共中央正式下发《关于 1984 年农村工作的通知》提出，土地承包期一般在 15 年以上。从此，家庭承包经营制度正式成为中国农村一项最基本的生产经营制度。

　　家庭联产承包责任制是中国农村集体经济的主要实现形式，它是以集体经济组织为发包方，以家庭为承包主，以承包合同为纽带而形成的有机整体。家庭联产承包责任制的实行打破了人民公社体制下土地集体所有、集体经营的旧的农业耕作模式，其主要生产资料仍归集体所有，生产实行按劳分配，集体和家庭有分有合、双层经营。它既终结了绝对的公有制，又没有走土地私有化的道路，既发挥了集体统一经营的优越性，又调动了农民生产积极性，是已经被实践检验为适应中国国情和农业生产力发展水平的有效做法，是中国农民的伟大创造。

　　十一届三中全会以后，在党中央的积极支持和大力倡导下，农村家庭联产承包制改革如星星之火，短短几年，就从局部地区蔓延至全国。1980 年实行家庭联产承包责任制的生产队不到 10％，1983 年就已经达到了 93％，到 1984 年，

① 在中国历史上，安徽省凤阳县是个很有名气的地方。这种起源于明代的凤阳花鼓，曲调凄婉，旧时多为贫民们沿街乞讨时所唱，如今成了歌颂新生活的民间艺术形式。（中国专题图库 供图）
② 1984 年，中国广大农村的 569 万个生产队实行了各种形式的生产责任制。这是多年打光棍的农民关友德，用承包责任田攒下的钱，娶了媳妇，日子过得和和美美。（中国专题图库 供图）
③ 在农忙时节，凤阳县城里早市交易的时间似乎也提前了不少。无论什么季节，各种新鲜的蔬菜都可以满足供应。县城里人们的菜篮子比以前丰富多了。（中国专题图库 供图）

更是基本实现了全覆盖，没有实行家庭联产承包责任制的不足1%。

家庭联产承包责任制的推行，使500多万个生产队分化为2.3亿个农户，他们成为经营主体，亿万农民从"一大二公"的人民公社体制中解放出来，他们用双手创造财富，既解决了困扰中华民族数千年的温饱问题，又极大地推进了农业农村的发展，极大地改变了中国农业生产和农民生活，被邓小平同志誉为中国农村改革与发展的"第一次飞跃"。

家庭联产承包责任制给中国农村带来了勃勃生机，实现了农业的超常规增长和农民收入的明显增加，中国农业发展进入"黄金时期"。全国农业总产值由1978年的1117.5亿元增加到1984年的2380.2亿元，即使是按照不变价计算，也增加了42.23%，其中有将近一半的贡献率来自于家庭联产承包责任制改革。农村居民家庭人均纯收入从1978年的133.6元，增加到1984年的355.3元，增加了166%。

家庭联产承包责任制给中国带来了奇迹，改革开放初期的短短几年里，农村贫困人口的绝对数量从2.5亿人下降到1.3亿人，贫困发生率从30.7%下降到15.1%，中国用世界上7%的耕地养活世界上22%的人口，实现了令世人瞩目的伟大壮举。

此后，中共中央、国务院多次发文强调支持发展和完善家庭联产承包责任制。1991年11月，中共十三届八中全会通过了《中共中央关于进一步加强农业和农村工作的决定》，提出要把以家庭承包经营为基础、统分结合

① 农民严宏昌，当年就是他以非凡的胆识把18位农民召集到一起，决定分田到户，并立下了生死契约。如今这份珍贵的契约已被中国历史博物馆收藏。（中国专题图库 供图）

② 自从凤阳县实行了土地包干到户的政策后，全县的面貌发生了翻天覆地的变化，从1979年起粮食总产量以每年一亿斤的速度递增，这是枣巷渔业乡的农民争相向国家交售公粮的情景。（中国专题图库 供图）

③ 农民严金昌是当年立下生死文书的穷哥们之一，自从实行了分田到户的政策后，生产的积极性一下子被调动了起来，他的穷日子终于熬到了头，看着遍地的粮食，他别提多高兴了。（中国专题图库 供图）

的双层经营体制，作为农村的一项基本制度长期稳定下来。1997年，在第一轮土地承包即将到期之际，中共中央办公厅、国务院办公厅发布《关于进一步稳定和完善农村土地承包关系的通知》，明确土地承包在第一轮土地承包的基础上再延长30年，给广大农户吃了一颗定心丸。1998年，十五届三中全会通过的《中共中央关于农业和农村工作若干重大问题的决定》再次强调要坚持以家庭承包经营为基础统分结合的双层经营体制。2008年，党的十七届三中全会通过《中共中央关于推进农村改革发展若干重大问题的决定》，提出土地承包关系要保持稳定并长久不变。近年来，中国的农业农村形势发生了巨大变化，但家庭联产承包责任制仍然是农村的基本经营制度，2017年10月，习近平总书记在十九大会议上提出农村第二轮土地承包到期后，将再往后延长30年。

最高形式的规则是法律，家庭联产承包责任制的践行也离不开法律的保驾护航。1986年通过的《中华人民共和国土地管理法》承认土地所有权、经营权的分开，使家庭联产承包责任制更加明确；1993年家庭联产承包责任制写入宪法，使其正式作为农村的基本经营管理体制确定下来；2002年通过《中华人民共和国农村土地承包法》，赋予了农民长期而有保障的土地使用权，维护了农村土地承包当事人的合法权益；2007年通过实施的《中华人民共和国物权法》将农村土地承包经营权和农户宅基地纳入用益物权对待。2017年的中央文件又将土地的所有权、承包权、经营权三权明确分置，这无疑对加快土地流转，实现规模经营，增加农民财产性收入是一大推进。

中国改革从农村率先突破，而农村改革最初由土地改革开始。家庭联产承包责任制的实行，极大地调动了农民的生产积极性，解放和发展了生产力，带来了农村经济和社会发展的历史性巨变，为经营、体制、管理等方面的改革奠定了基础，开启了一个新的时代。这个时代恰如朱熹《春日》诗中描述的意境："胜日寻芳泗水滨，无边光景一时新。等闲识得东风面，万紫千红总是春。"

　　小岗人为我国农村改革拉开了序幕，小岗是我国改革年代的精神高地。在小岗敢闯敢试的改革创新精神激励下，中国千千万万个村庄都成了物质高地。小岗敢为人先的改革创新精神将永垂史册，永远闪光。

① 1979 年，昔日小岗生产队。（汪强 摄）
② 小岗生产队 1980 年大丰收。（汪强 摄）
③ 1989 年，小岗第十个丰收年。（汪强 摄）
④ 凤阳小岗村今貌。（喻学超 摄）

③

④

破冰融雪

POBING
RONGXUE

　　1982 年到 1986 年，中央连续出台了 5 个以 "三农" 为主题的 1 号文件，其中 "可以，可以，也可以" "允许，允许，也允许" 的提法一共出现了 30 多次。这些都是国家在政策上的放活，通过放活完善管理、发展生产、搞活市场、促进流通，为农业农村发展注入改革动能，极大地促进了农村社会生产力的发展，为中国农村带来了一系列波澜壮阔的改革。

五个"一号文件"

🔴 1982年1月1日，中共中央发出第一个关于"三农"问题的"一号文件"，对迅速推开的农村改革进行了总结。文件明确指出包产到户、包干到户或大包干"都是社会主义生产责任制"，同时还说明它"不同于合作化以前的小私有的个体经济，而是社会主义农业经济的组成部分"。

🔴 1983年1月，第二个中央"一号文件"《当前农村经济政策的若干问题》正式颁布。从理论上说明了家庭联产承包责任制"是在党的领导下中国农民的伟大创造，是马克思主义农业合作化理论在我国实践中的新发展"。

🔴 1984年1月1日，中共中央发出《关于一九八四年农村工作的通知》，即第三个"一号文件"。文件强调要继续稳定和完善联产承包责任制，规定土地承包期一般应在15年以上，生产周期长的和开发性的项目，承包期应当更长一些。

🔴 1985年1月，中共中央、国务院发出《关于进一步活跃农村经济的十项政策》，即第四个"一号文件"。取消了30年来农副产品统购派购的制度，对粮、棉等少数重要产品采取国家计划合同收购的新政策。

🔴 1986年1月1日，中共中央、国务院下发了《关于一九八六年农村工作的部署》，即第五个"一号文件"。文件肯定了农村改革的方针政策是正确的，必须继续贯彻执行。

①

土地是农民赖以生存的基础，是国家赋予农民的基本生存保障，农村改革从放活土地开始。改革开放之前，我国农村土地所有权和经营权高度统一，集体所有、集体经营，农民作为集体经济组织成员共同拥有和经营集体土地。农民对土地没有归属感，积极性不强，农业生产发展缓慢。改革开放之后，建立以家庭承包经营为基础的农村基本经营制度，放活了土地。土地的所有权虽然还归集体所有，但农民可以自主经营、自负盈亏。这种"两权并行分置"的农村土地产权制度有效地处理好了国家、集体、农民之间的权益关系，调

---

① 1982—1986 年五个"一号文件"。

动和保护了农民的生产经营积极性,极大地解放和发展了生产力,为改革的继续深入创造了有利条件,成为我国改革开放的里程碑。

在放活土地的基础上,面对生产的高速发展、市场的空前活跃,统购统销的计划经济流通模式已不起作用,放活经营成了农民最强烈的呼声。家庭承包之初,还没有摆脱计划经济的管束,农民不是想种什么就种什么,还要看计划,种多少小麦、种多少棉花、种多少油料都是指定的,然后再统购统销。中华人民共和国成立初期,农产品供求紧张,在以优先发展重工业为目标的发展战略指导下,为了保障城市用粮,自1953年开始,国家逐步实行粮食、棉花、油料等重要农产品的统购统销制度,只允许国有粮食机构、供销合作社等特定机构以计划价格对农产品进行收购。随后,还对生猪、鸡蛋、糖料、烤烟、桑丝、黄红麻及水产品等132种农产品实行派购,很多农产品的派购量占总产量的比重达90%以上。在这种高度集中的计划经济体制中,农民依附于集体经济,生产服从指导计划,按照计划种,按照计划收,生产主体没有主动权。大集体"小而全"的自给性生产,导致了生产和需求的脱节,抑制了农民的积极性,结果"越少越统、越统越少",导致生产增长缓慢,农产品品种单一、质量下降,市场供应更加紧张。

改革开放给生产带来了发展的契机,统购统销制度有所松动,国家开始逐步缩小农产品指令性计划收购的范围。1978年十一届三中全会确定了加快农业生产发展的目标,决定减少统购指标。第二年,国家开始对农产品统购派购的范围和数量重新限定,并且确定收购基数,几年不变,到1980年派购产品被确定为127种。1983年,中共中央发布《当前农村经济政策的若干问题》,强调指出实行统购派购的品种不宜过多,除棉花外,农民完成统购派购任务后的产品允许多渠道经营。

实行家庭联产承包责任制以后,农民生产积极性空前高涨,农产品产量大幅度增加,中国粮食供求紧张的形势得到了明显缓解,早籼稻和棉花等农产品出现了中华人民共和国成立以后的第一次"卖难",但当时的经济作物、畜产品等供求依然紧张,统购统销制度下的产品单一问题难以缓解。为了解决这些问题,1985年1月,中共中央、国务院发布《关于进一步活跃农村经济的十项政策》,全面改革农产品统购派购制度并放开大部分农副产品的价格。从1985

年开始，除个别品种外，全部改为合同定购（为保障国家粮食安全，1990 年将合同定购改为国家定购，要求交售国家定购粮作为农民应尽义务，必须保证完成）和市场收购并行的"双轨制"。这是中华人民共和国成立以来国家在放活农业经营方面画出的浓重一笔，它终结了过去的国家统购制度，让农民获取了经营自主权并逐步成为具有自我发展能力的商品生产者。

经过这个阶段的改革，除粮食外，我国农产品依靠市场机制配置资源和调节供求的方式已经全面确立。从 1992 年开始，各地粮改步伐加快，到 1993 年下半年，全国 95% 以上的县市放开了粮食价格和经营（价格放开不久，粮价大幅波动，1994 年国务院决定把国家订购价和城镇居民口粮销售价由国家统一制定，在 2004 年再次全面放开），市场调节的范围日益扩大，统购统销制度至此结束。

放活经营伴随着市场调节范围日益扩大。在市场机制的引导下，农民积极调整产业结构，大力发展效益比较高的水产品、畜产品和各种经济作物，农业由种植业为主的一元结构向多元结构发展，农业综合生产能力得到全面提高，农产品供给实现了由长期短缺到供求基本平衡、丰年有余的历史性转变。尤其是 2004 年以后，农业生产连年丰收，供给总量不断提高，米袋子得到保障，菜篮子逐渐丰富，畜禽食品的供给能力也持续增强。如今，我国粮食人均占有量 450 公斤，超出世界平均水平 30% 以上；蔬菜人均占有量 500 公斤，排名世界第一；肉类人均消费量 59 公斤，高出世界平均水平 1 倍左右；农产品供给总量不足的矛盾已经得到缓解。在农产品供给总量提升的同时，农民家庭经营日趋专业化，农产品品种增多、品质改善，种植业比重逐步下降、畜牧业比重平稳上升，种植业中粮食比重下降，经济作物比重上升，养殖业中牛羊比重上升。同时，各类专业户迅速崛起，农产品的商品率大大提高，农民的生活消费日益依赖于市场，农村市场体系逐步形成并不断完善。

与统购统销密切联系，并在改革中逐渐消失的还有各种票证，它的消失代表了消费市场的放活。

票证在我国使用近 40 年，它是在我国计划经济时期，按人口定量发行的专用购买凭证。

① 1983 年，从浙江省温州市苍南县宜山纺织品交易市场满载而归的农民。当时，苍南几千名专业和兼业推销人员从事长途运销，给宜山镇的土织业带来新的生机。90% 的农户从农田里解放出来，从事再生纺织业生产，从根本上解决了人多地少的矛盾。（萧云集 摄）

② 1985 年 2 月 9 日，苍南宜山 21 位农民专业户联合召开自己的记者招待会。来自全国各地的记者在宜山农村采访、考察。（萧云集 摄）

21

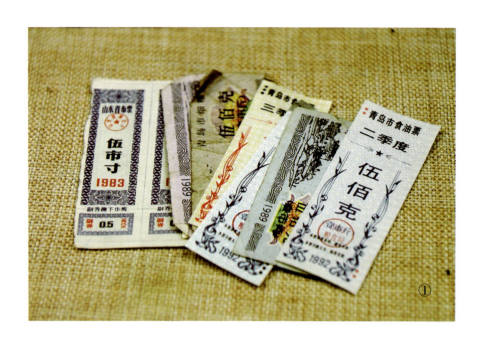

那时商品供应极为匮乏，国家为了保障供需平衡，对城乡居民的吃、穿、用等生活必需品，实行计划供应，所涉及的产品必须凭票购买，限量消费。

票证并非我国独创，苏联在1916年就已经有了鞋票，美国在"二战"时期商品紧张时，也发放过各种商品票证。它是特殊历史时期的产物，产生的背景多样（多为战争、动乱等），产生的原因主要是供给短缺。我国的票证产生于20世纪50年代，最开始出现的是粮票。1955年8月，国务院全体会议第17次会议通过《市镇粮食定量供应凭证印制使用暂行办法》，票证开始登上历史舞台，随后油票、布票等各种票证也进入人们的生活，成为与大多数人形影不离的"第二货币"。

我国票证题材广泛，品类繁多，堪称"世界之最"，1961年市场凭票供应的商品，达到了156种。票证的面额大小不一，以粮票为例，最大面额达到1400斤，是1962年、1963年上海市粮食局发行的"粮食支拨书"，面额最小的只有1钱，是1960年南京市粮食局发行的"南京市粮食局流动购粮凭证"。

票证制在特定的历史时期起到了应有的作用，但它制约了生产、限制了流通，导致农产品不能随意买卖。那时买粮要用粮票，买布要用布票，就连买火柴都要用火柴票。全国2500多个市县，以及一些乡、镇都分别发放和使用了各种票证，进行计划供应。为了弥补票证覆盖面的不足，还发行了粮食本、副食本、工业券等多种购物本和购物券。"票证时代"记录着共和国物资短缺的无奈，无票无本寸步难行，连农民进城务工都受到了极大制约。

① 青岛市民使用过的布票和油票等。（中国专题图库 供图）
② 20世纪80年代中后期，中国人均粮食产量接近或超过400公斤。1993年5月10日是北京开放粮油价格的第一天，朝阳区某粮店的店员在登记注销最后一批粮票。（刘卫兵 摄）

直到改革开放之后，粮食出现了恢复性的增长，物资逐渐丰富，供应紧张的情况得到缓解，深圳特区率先取消票证。国家允许经济特区在改革方面可以先行先试，深圳市政府决定从 1984 年 11 月起在特区内取消粮本和票证，粮、棉、油等商品价格放开，敞开供应，深圳人率先过上了告别票证的日子，取消票证成为粮食经营从计划经济到市场经济转变过程中的里程碑。

深圳新政实施前夕曾经引起短时间的恐慌，市民担心票证放开后无粮可买，纷纷到粮站排队购买粮油。事实证明，"票日子"的终结没有带来什么风波，大家不但能继续买到粮食，而且更加方便，可以根据自己喜好选择商品。

深圳取消票证之后，全国各地商品价格逐渐放开，各种票证开始逐一谢幕退场，到 1985 年，城市部门凭票证供应的商品种类，只剩下粮食和食用油两种。1993 年，粮油实现敞开供应，粮票已无用武之地，正式宣告停用，票证时代成为历史，粮票从家家必备的必需品变成了爱好者手中的收藏品。票证制度的终结，不仅放活了物质流通，也为人的流通创造了条件，农民进城不再因没有粮票而饿肚子。

为搞活流通，国家还大力推动市场建设。在农村市场的发育过程中，国家从控制到部分放开，再到全面放开，农民从可以自由生产和出售部分到全部农产品（目前只有烟草没有放开），农村市场逐渐焕发出生机和活力，农产品销售渠道畅通，农业生产资料供应平稳，生活消费品日益丰富，基本上能够满足人民日益增长的消费需求。

1985 年，国家发布《关于进一步活跃农村经济的十项政策》，允许农民和商贩进城卖菜，农村和城市集贸市场逐

②

23

步放开，初级农产品市场快速发展。同时，为满足农产品大区域流通的要求，国家鼓励建设农产品批发市场，并逐渐加大建设的力度。1984年，武汉建立了中国第一家农产品批发市场——武汉皇经堂农产品批发市场。1988年，农业部启动"菜篮子工程"，开始在各大中城市建立副食品批发市场。到1993年年底，全国农副产品批发市场达到2080个，城乡集贸市场达到8.3万个，其中农副产品专业市场8220个，初步形成了全国大市场、大流通的格局。

据国家统计局统计，截至2015年年底，亿元以上农产品专业批发市场发展到979家，摊位数

① 北京市政府实施的"菜篮子工程"，为的是解决市民吃菜难的问题。如今，每天清晨，从郊区运来的蔬菜云集在批发市场，然后流向每一个家庭……（中国专题图库 供图）

55.85 万个，营业面积 4415.4 万平方米，年成交额超过 16000 亿元。如今，我国农产品批发市场超过 4500 家，其中产地市场约占 70%。

为适应居民的多方位需求，超级市场、期货市场、互联网市场逐渐走入人们的日常生活。1990 年，广东省开办了美佳超市；1993 年，郑州商品交易所挂牌成立；近年来，电子商务已较为普遍。市场以多种形式满足居民的生活需求，为商品流通提供了越来越方便的渠道。

以前农民只能种地，只能搞种养业，随着农产品产量的提高，农民出售产品有了余钱，便寻求走出第一产业，走进第二、三产业的门路，悄悄发展乡镇企业。受现实逼迫，必须从管理层面放活农民的从业领域，拓宽农民的收入渠道。

计划经济时代，我国实行城乡分割的二元制度，城乡居民被严格地分割开来，农民从事第一产业，工人从事第二产业。除了特殊情况和计划用工之外，农民被严格地束缚在土地上，只能在生产队这个集政治、经济、社会、文化等各种权力于一身的集体组织的操控下，被动地、机械地从事农业劳动。那时，即使养鸡也只能最多养 2 只，否则就会被"割资本主义尾巴"。长途贩运更会被认为是进行倒买倒卖、投机倒把，是"资本主义势力的复辟罪行"。拥有生产经营自主权之后，农民不仅可以到各类企业工作，还可以自己办企业，特别是许多农业企业的发育成长，使企业这个市场经济的代表全面取代了生产队这个计划经济的代表。农民从不知企业为何物到逐步融入企业活动，有的自己已成为横跨多个行业、纵横多个国家的大企业家。

20 世纪 80 年代中期，中国农民在土地承包后，其家庭能量得到充分释放，温饱问题很快解决，手里有了余钱，他们就开始经商办厂，乡镇企业蓬勃发展，形成一个个

① 江苏省无锡市的工业有悠久的历史。乡镇企业的发展，使无锡更为令人瞩目。郊区的纺织、电子仪器、自行车及运输等企业吸收了本地的过剩劳动力，树立了农村致富的典型。（中国专题图库 供图）

专业户、专业村、专业片、专业市场，一度占据我国GDP的半壁江山。乡镇企业的兴旺发达，推进了城市国有企业改革，从而确立了我国社会主义市场经济地位，乡镇企业的功绩在特定历史条件下功不可没。这是政策放活产生的奇迹，也是中国农民的第一大发明，中国农民用这一发明创造了第一个财富神话。20世纪80年代中后期，许多县乡每年都召开大会表彰收入过万元的农户，更有一部分雄心勃勃的农民嘴里喊着"万元户不算富，十万元户刚起步，百万元户才算富"。

1987年，邓小平会见南斯拉夫共产主义者联盟中心主席团委员科罗舍茨时说，"农村改革中，我们完全没有料到的最大的收获，就是乡镇企业发展起来了，忽然冒出搞多种行业，搞商品经济，搞各种小型企业，异军突起"。

乡镇企业的前身是社队企业。20世纪50年代为了避免农村小工业与城市大工业争原料、争能源、争市场，规定社队企业必须遵循"就地取材、就地加工、就地销售"的原则，这一原则僵化了产业，制约了发展，在十一届三中全会召开之前，社队企业发展基本处于停滞状态。

改革开放使社队企业获得生机，国家逐步放宽限制，规定应计划性地将宜于在农村加工的产品或零部件转移给社队企业经营。1981年，国务院颁布《关于社队企业贯彻国民经济调整方针的若干规定》，指出"凡不与现有大厂争原料，产品有销路、经营有赢利的企业，均不应当强制关停"，还强调要对少边穷地区的社队企业应给予照顾和扶持。1983年，中央再次表态，社队企业也是合作经济，必须努力办好，不得随意破坏。这一期间，对社队企业有所放活，但并不充分，而且形式单一，一直都是集体经济唱独角戏，从1978年到1983年，职工人数、总产值、利税总额分别增加了14.4%、9.1%、104.5%，社队企业中的职工人数占到农村劳动力总数的9.1%。

乡镇企业真正诞生于1984年，该年3月，中共中央、国务院转发了农牧渔业部及部党组《关于开创社队企业新局面的报告》，将社队企业正式更名为乡镇企业。1984年1号文件和4号文件对乡镇企业的放活和支持使其焕发出勃勃生机。尤其是4号文件，不但要求各级政府对乡镇企业与国营企业同等对待，一视同仁，还放开了对经营者的限制，将户办、联户办的企业与原有社队集体企业统称为乡镇企业，鼓励乡办、村办、联户办、户办四种乡镇企业同时发展。

①

从此，农民也可以办企业。

乡镇企业一经诞生便开始飞跃式发展，当年乡镇企业数量就从上一年的 134.6 万个，增加到了 606.5 万个。在发展的第一个黄金周期内，乡镇企业数量由 1984 年的 606.5 万个增加到 1988 年的 1888.2 万个，企业总产值由 1709.9 亿元增加到 6495.7 亿元，吸纳社会就业超过 9500 万人。

农民在乡镇企业的发展中扮演了重要角色，有报道称 1984 年 5 月份，仅浙江省农民就集资了 1.4 亿元人民币，兴办起 2 万多个乡镇企业。1984 年乡镇企业中，个体办和农户联办的企业分别有 329.6 万个和 90.6 万个，占到总数的 54.3% 和 15.0%，超过集体企业数量 1 倍。到 1988 年，个体和农户联办企业的数量已经达到 1729.2 万个，在乡镇企业总数中的占比超过 91%。

为消除经济过热，遏制通货膨胀，1988 年，中共十三届三中全会提出了治理经济环境、整顿经济秩序和全面深化改革的方针，十三届五中全会对乡镇企业的治理整顿要"调整、整顿、改造、提高"，乡镇企业发展进入了整顿提高的阶段。整顿期间，农民收入增长出现了改革开放以来的首次停滞，农村贫困人口数量有所增加，可见乡镇企业已经成为农民收入的重要来源。

① 随着改革开放，绍兴市的对外贸易发展很快。出口商品由原来的土特产品扩大到工业产品。图中为绍兴上虞玻璃钢厂，它制造的冷却器很受外国厂商欢迎。
（一瞥编辑部 组稿）

"坚持改革开放不动摇"，1992年邓小平视察南方过程中发表的重要讲话让乡镇企业迎来发展的第二个春天。这一年的3月，国务院批转了农业部《关于促进乡镇企业持续健康发展的报告》，要求把发展乡镇企业作为国家的一项战略任务坚持不懈地抓下去，乡镇企业再次成为国民经济中最活跃的部门之一。到1996年年底，乡镇企业个数达到2336万个，吸纳农村劳动力达1.35亿人，生产总值占到全国的26%，工业增加值占到全国的43.4%。

乡镇企业在"放活"的政策中"异军突起"、蓬勃发展，在实践中调整和完善。为适应市场经济发展的大趋势，乡镇企业的发展也进入规范化和法制化阶段。1994年，农业部发布《乡镇企业产权制度改革意见》，乡镇企业走上了产权清晰的股份制改革和兼并之路；1996年通过的《中华人民共和国乡镇企业法》确立了乡镇企业的地位和作用。随后，乡镇企业股份制改革稳步推进，到2000年，已经有95%以上的乡镇企业完成改制。通过改制，乡镇企业实现了调整和升级，资源的配置更加优化，出现了一群股份合作制企业和集团，一部分分散的个体和私营企业也通过新的组织形式而重新联合起来，市场适应力和竞争力明显增强。

乡镇企业的产生和兴起离不开政策的放活，也离不开国家对农民首创精神的尊重。在乡镇企业发展的过程中，政府不断引导、扶持，为企业发展扫除障碍、创造机遇。而我国农民也不失时机地抓住机会，在政策放活中自发创新，不断发展，让乡镇企业一度成为国民经济的重要支柱，超预期地完成了改革发展过渡时期推动国民经济发展的历史使命。

乡镇企业的蓬勃兴起，迫切需要城市国有企业技术力量的支持，让禁锢在体制内的智力为民营企业服务。但技术要形成市场，其艰难程度在当时特定的历史环境下可想而知。1982年12月23日《光明日报》报道的上海工程师韩琨事件是拉开技术市场序幕的起点。

20世纪80年代，在江苏、浙江、上海一带，每个星期六的晚上（当时只有星期日休息），在大城市的长途汽车站、火车站或轮船码头，可以看到一批等待出行的人群，他们特征明显，年龄多在40岁到60岁之间，身穿蓝卡其中山装，拎着人造革的包。到了星期日傍晚，又可以看见他们回来的身影。人们彼此都明白，但不能明说，他们就是"周末工程师"。

"周末工程师"曾是社会上最火热的词汇之一。也有些人称之为"星期六工程师""星期日

29

工程师"或"星期天工程师"。他们多是大专院校、研究所、国有企业的科研或技术人员，利用星期天或节假日等业余时间，到各类私营企业兼职服务，顺便赚取一定的合理报酬，给大批中小乡镇企业、民营企业救了急。

改革开放之初，农民在办企业中得到了好处、尝到了甜头，但大多数企业都缺少会管理、懂技术、能使用生产设备的技术人员。他们通过关系从科研院所和国有企业聘请工程师，利用周末的时间来解决队伍管理、机器使用、产品开发、节本增效等难题，同时给这些工程师支付适度的报酬。据说那个年代，在长三角地区，乡镇企业的厂长们随身携带一张联络表，遇到难题就会根据联络表电话求教或登门拜访。这种合作方式，既让工程师赚取了工资之外的劳动报酬，也解决了企业的各种技术难题。根据1988年第16期《瞭望》杂志的报道称，鼎盛时期，仅在上海就有2万多科技人员在从事"周末工程师"活动。当时，这种科技人员业余兼职的行为不局限于长三角，在全国都有，广东省科委1987年做的一项调查显示，在广州的一些科研单位，从事这一兼职的科技人员达到8%~10%。

1987年12月，国务院批转《国家科委关于科技人员业余兼职若干问题的意见》，允许科技人员在完成本职工作的基础上，利用业余时间从事兼职活动，这是对技术的放活。第二年，上海市科协科技咨询服务中心发起成立了上海星期日工程师联谊会，"周末工程师"从偷偷摸摸走向台前，一些传统观念和体制瓶颈也随之远去。1992年，邓小平同志南方讲话后，思想进一步解放，科技人员兼职获得更大程度的认可。

技术要素的放活，给企业，尤其是广大中小企业带来了活力，探索出了一条科技人员和科技成果合理流动、有效转化的途径。如今，这种聘任行为已经扩大到各个领域，无论是学者还是技术人员，都可以利用业余时间光明正大地到需要的地方发光发热。

党的第十一届三中全会以后，随着农村经济体制的变革，在我国实行了20多年的人民公社制度终于解体。从此以后，撤社改乡镇、撤队改村，村级实行自治，过去的"一大二公""政社合一""党政不分"等现象逐渐消失，这是国家在管理层面的放活。

在封建社会"皇权不下县"，乡村社会以血缘为纽带，以自给自足的经济形式为基础，形成了独特的较为封闭的管理体系。中华人民共和国成立之初，村级政权延续了自治的性质，但随着农村合作化进程的推进，我国农村合作社逐渐从初级社向高级社转变，中央集权不断增强。1954年颁布的《中华人民共和国宪法》取消了村级政权，村主任的选举也改为在乡人民代表中推选，由乡人民政府委员兼任。1955年，本着乡的区域宜大不宜小的原则，我国乡行政区划的面积开始全面调整，全国乡的数量从1954年的21.9万个迅速减少到1957年的11.7万个，基本上变成大乡建制，村级建制在法律意义上不再存在。

1958年8月，中共中央发布《关于在农村建立人民公社问题的决议》，人民公社从此诞生。人民公社最显著的特点就是"一大二公"：一是辖区面积大，平均28个高级社合并成一个人民公社，一个人民公社的辖区相当于原来28个高级社的土地；二是公有化程度高，农民私有财产和合作社集体财产被无偿充公。1962 年以后人民公社逐渐形成了公社、生产大队、生产队三级组织架构，集体生产资料由公社、生产大队和生产队三级共同占有。人民公社时期，在乡村治理上表现出政权的高度集中，公社管理委员会全面行使政府权力，基层民主政治建设基本陷于停滞。

改革开放以后，家庭联产承包责任制使人民公社的管理方式失去效力，生产队的管理体制逐渐瓦解，在这样的背景下，1980 年广西宜州市屏南乡合寨村农民通过自发选举成立了全国第一个村民委员会，几乎与此同时，广西罗城、宜山县（现在是宜州市）其他村庄的农民也自发选举产生了带有自治性质的新组织，名称各不相同，有的叫村委会，有的叫村管会，还有的叫治安领导小组。这些组织经村民授权成立后，将分散的村民集中组织起来，共同商定各项村规民约，管理村内公共事务，协助乡镇政府维护社会治安，取得了良好的效果。对于村委会这一新生事物，广大农民表示欢迎，党中央给予高度重视。1982 年的《中华人民共和国宪法》在总结农村实践经验的基础上确认了村民委员会作为农村基层群众自治组织的法律地位，提出"城市和农村按居民居住地区设立的居民委员会或者村民委员会是基层群众性自治组织"，生产队逐渐被村民委员会所取代。

1983 年值得铭记，这一年中共中央、国务院发布了《关于实行政社分开建立乡政府的通知》，决定撤销人民公社，建立乡镇政府。这项工作在 1985 年春天全部完

① 山西省晋城县红旗人民公社东四义村一角。（张力、塑望 摄）

31

成，全国 5.6 万个人民公社、镇，改建成为 9.2 万个乡（含民族乡）、镇人民政府，同时建立起了 82 万多个村民委员会，国家对乡村的管理几乎全面放活。接下来，为了增强乡镇政府的权利和独立性，中央从 1986 年开始撤区并乡，绝大部分省、自治区、直辖市陆续撤销了县辖区，到 1988 年年底，全国乡镇政府数量降到 6.98 万个，减少了四分之一。

村民自治与家庭联产承包责任制、乡镇企业一起，被誉为中国农民的三个伟大创造，开创了村民自治的合寨村被誉为"中国村民自治第一村"载入史册。为了保障村民自治，夯实基层民主，1987 年第六届全国人大常委会第二十三次会议审议通过了《中华人民共和国村民委员会组

① 把充分发扬民主贯穿于换届选举工作的全过程。从选民登记，候选人的推荐、确定，召开选举大会到建章立制等各个环节，都要充分发扬民主，广泛听取村民的意见。（一瞥编辑部 组稿）
② 农民在选择当家人过程中，民主意识也从觉醒到逐渐成熟。他们不仅选出了村委会，而且直接参与了村务的管理与决策，选举更加促进了村民自治的进程。（一瞥编辑部 组稿）
③ 方权威向记者介绍祠堂内保存的怀德村村规民约。（王蕾 摄）

织法（试行）》，明确规定"村民委员会是村民自我管理、自我教育、自我服务的基层群众性自治组织"。1997 年党的十五大把村民自治的内容基本概括为"四个民主"，村民自治更加受到党和国家的重视，也成为我国基层民主政治建设中的关键词。从此，乡镇和村之间的关系从"领导"变为"指导"，实现了"乡政村治"。

通过对乡村管理体系的放活，我国的乡村治理实现了历史性跨越，自治重心的下移，将自治逐步还权于民，大大提高了农民的自主能力和民主意识，使农村基层组织焕发了生机与活力。乡村治理的能力也因此得到极大的提高和改善，逐步形成了因地制宜、层次多样、形式丰富、内容广泛、多样性与规范性相结合的村民自治体系。

金钱不是万能的，但没有钱是万万不能的。乡村经济社会的快速发展，急需金融的支持。改革开放以来，农村金融在逐步放活，农村的本土金融力量逐步发育起来。

农村改革的动力来自于农民生生不息的创业精神。这种创业精神磨砺于计划经济时期有限的制度空间，激扬于第一轮农村改革的土地新政。在农业产业面临转型与升级、货币强力拉动资源重组的新时期，金融逐步取代土地和设施成为财富创造的主要载体，农民投资兴业、创造财富已经从"土地时代""设施时代"跃进到"金融时代"。

1978 年以前，我国的农村金融组织只有国家银行（人民银行、农业银行）和农村信用社。改革开放之后，为适应农村商品经济多层次、多形式的发展需求，民间资本开始活跃，群众积极创办了自由贷款、私人钱庄、农村合作基金会等多种合作金融组织。国家肯定了这些金融组织的

①

作用，1981年5月国务院批转的《中国农业银行关于农村借贷问题的报告》认为民间借贷是国家金融机构的有效补充，并提出通过银行和信用社的改革引导建立民间信用。这之后，民间借贷发展迅速，尤其是农村合作基金会，高峰时曾达到45000多家，后来因为管理等种种原因，在1999年全面撤销。

农村金融是支持服务农业和农村经济发展的重要力量，是现代农村经济稳定发展的保障。但在过去很长的一段时间里，缺少资金是农村发展的最大障碍，究其根源是缺少民间金融。国有金融一支独大导致我国农村金融一度呈现"五龙吸水，一蛇放水"的格局，四大国有商业银行加上邮政储蓄银行这五条"龙"吸收农民储蓄，但只有农村信用合作社这一条"小蛇"给农民贷款。

2006年中央1号文件提出要鼓励在县域内设立多种所有制的社区金融机构，并且"允许私有资本、外资等参股"。12月，中国银监会发布《关于调整放宽农村地区银行业金融机构准入政策更好支持社会主义新农村建设的若干意见》，选择四川、青海、甘肃、内蒙古、吉林、湖

34

北 6 个省（区）为试点，适度调整和放宽农村地区银行业金融机构准入政策，降低准入门槛，允许民间资金在农村试点地区设立村镇银行、农村资金互助社和贷款公司。这是对农村民间金融的放活，在一定程度上解决了农村地区银行业金融机构网点覆盖率低、金融供给不足、竞争不充分等问题，对第二、三产业的发展起到了很大的推动作用。

村镇银行的成立在解决广大农村地区"贷款难、贷款贵、贷款不方便"问题上迈出了实质性步伐。从 2007 年全国第一家村镇银行——四川仪陇惠民村镇银行挂牌成立到 2018 年已经 11 年，这一期间全国组建的村镇银行超过 1600 家，资产规模突破万亿。2016 年村镇银行各项贷款余额 7021 亿元，其中农户及小微企业占 93%。在金融政策的放活下，村镇银行已经成为扎根县域、支农支小的重要力量，在激活农村金融市场、健全农村金融体系等方面做出了重大的贡献。

千家万户的小农户如何应对千变万化的大市场，是摆在市场经济体制下的一个大难题。广大农民应时而动，自发成立各类专业合作社。

发展农民组织是社会建设的重要内容，让农民组织发展起来是全世界的成功经验，中国近现代以来，许多有识之士也在大声疾呼并努力实践着发展农民组织，连封建皇帝也看到其重要作用和意义，光绪皇帝就曾于 1898 年颁发上谕，要求各州府县广推农会。中华人民共和国成立初期，农业生产资料相对匮乏，为克服劳力、农具、耕畜缺乏等困难，农民自发组织成立了互助组工作。党和政府对这一

① 为了方便群众，信用社实行"走出去"的办法，采用流动办公的方式，定时定点上门为农民服务。工作人员刚到山西省解虞县侯村，村里的农民就来接洽存贷款的事。（中国专题图库 供图）

② 罗丝她们所做的发展项目主要是为农民提供少量贷款（1000 元左右），半年还一次，一年还清再贷，以帮助他们发展农副业或做些家庭小生意来增加收入。许多接受贷款的农户，家庭经济开始走上良性循环的道路。（人民画报社英文版编辑部 组稿）

③ 山西省左权县境内石头山多，养活村民的土地很少；中国扶贫基金会在该县建立了农户自强服务社，向那些需要资金支持的农户提供小额贷款。（人民画报社英文版编辑部 组稿）

做法也给予肯定，在 1951 年召开了全国第一次互助合作会议，制定出《中共中央关于农业生产互助合作的决议（草案）》，提出按照自愿和互利的原则，发挥农民劳动互助的积极性，使农业生产力得到了充分的发挥，到 1952 年参加互助合作组织的农户占总农户的 39.95%。

但是，在接下来的一段时期，超英赶美、跑步进入共产主义的激情不断膨胀，社会主义开始被当成合作化改革的奋斗目标。到改革开放之前，农业生产互助组在行政命令下发展到初级社，到高级社，再到人民公社，我国逐步构建成世界上独一无二的最完备的组织农民形式。这种下级服从上级的行政管理模式固然充分发挥了群体力量办大事的优势和作用，但在本质上否定了平等合作精神，模糊了个体与群体的权益界限，忽略了农民的自主权和决策权。农民自己组织的权利被削减，农民间的互助合作形式被简单的公有化所代替。

改革开放以后，农村市场经济逐步发展，农民需要以独立的市场主体身份，自由、平等地参与市场竞争，但农民的弱势地位决定了个体参与市场是不现实的，必须抱团合作，以抵御来自自然、市场、政策、国际等各方面的风险，维护自身权益。农民专业合作社、农民协会等各类农民组织大量涌现，涉及经济、文化、宣传、科技等多个领域，成为农村发展中的一个新现象。

在农村经济社会结构的不断变化中，农民组织的规模不断扩大、功能不断拓展，逐步形成集经济功能、社会功能、文化功能、教育功能于一体的合作团体，成为农民实行自我教育、自我管理、自我服务的最好平台，是实行民主管理和民主监督、培养农民民主意识和合作意识的有效场所。农民在为了维护自身利益参与组织的决策和监督的过程中，逐步熟悉和习惯了民主的操作规程，增强了民主参与意识，锻炼了民主管理能力，积累了民主监督经验，培养了宽容与协商精神，提高了整体素质，培育了独立的政治品格，也极大地提升了乡村社会的政治沟通能力，促进了农民利益表达机制的形成，拓宽了农民表达利益诉求的渠道。

从 1982 年到 1986 年连续 5 个 1 号文件，均明确肯定了农村合作经济组织的发展，并给出相应的指导意见。1987 年，国务院 55 号文件要求供销合作社"在自愿原则下，组织生产者建立不同产品的生产专业协会，或按照合作社的组织原则，建立专业合作社"。2003 年中共十六届三中全会通过《关于完善社会主义市场经济体制若干问题的决定》明确指出支持发展各种形式的农村专业合作组织。

改革放活，试点先行。1993 年，国务院明确农业部为专业合作组织的指导部门，第二年批准在陕西、山西、安徽等省创建农民专业合作经济组织试点。2002 年，农业部发布《农民专业合作经济组织试点工作方案》在全国设立了 100 个农民专业合作经济组织试点，6 个地市农民专业合作组织试点省，2003 年又将浙江省确定为农民专业合作组织试点省。随后，在中央财政的支持下确立示范点，推进农民专业合作组织的全面发展。

2003 年，第十届全国人大常委会将农民合作经济组织法列入"十五"立法计划，2004 年发布《中共中央、国务院关于促进农民增加收入若干政策的意见》，再次强调农民专业合作组织的立法工作。2007 年，《中华人

① 江苏省张家港市永联经济合作社将村民土地流转，建成了占地 100 余亩的江南农耕文化园。永联村将发展乡村旅游写入了永联未来发展的蓝图里，努力打造"现代乡村旅游综合体"。 （王苗苗 摄）

民共和国农民专业合作社法》正式实施，农民专业合作社的发展有了法律基础，从此获得法人资格参与市场竞争，不但可以享受生产经营中的税收优惠，而且获得了在信贷、商标注册等方面平等的权利，还能够利用法律维护合作社及成员的合法权益。

多年来，中央和地方政府通过法律保障、财政扶持、税收优惠、信贷支持等方式进行扶持，推动了农民专业合作组织的快速发展。到2018年，全国农民专业合作社数量超过190万家，入社农户超过1亿户。农民专业合作社已成为重要的新型农业经营主体和现代农业建设的中坚力量。

社会不断发展，改革持续深入，城镇化的快速推进给农村土地制度带来了新的难题。大量农民工进入第二、三产业和进城务工，他们中的大多数都想给自己留一个后路，不想失去自己的土地承包权，但承包权和经营权的捆绑形成了制约。2016年，中共中央办公厅、国务院办公厅印发《关于完善农村土地所有权承包权经营权分置办法的意见》，土地集体所有权、农户承包权、土地经营权"三权"分置并行，进一步放活了经营权，为承包地

的流转提供了政策保障。为实现乡村振兴，鼓励在农村地区发展乡村旅游、养老等产业，2018年中央1号文件又提出适度放活宅基地和农民房屋使用权，农村土地进一步放活。

改革开放40年来，中国的市场主体已经从不足40万户发展到2018年的1.0024亿户，增长了200多倍，数量居全球第一位，成为世界上最大的创业国，尤其在2012年到2017年的5年里，市场主体从1300万户一下子猛增到9000多万户，增长了70%，目前仍保持井喷式增长，每天约增长5万户。这得益于国家强力推进的"放管服"改革，破除阻碍市场准入的堵点，将226项工商登记前置审批事项中的87%改为后置或取消，降低了百姓投资兴业的门槛，"前一天网上提交材料，第二天就领到了电子营业执照"。中国第一亿户市场主体、北京一家高新技术企业联合创始人冯是聪如是说。

城门洞开

CHENGMEN DONGKAI

　　从"盲流"到潮流，改革开放以来的数以亿计的农民工大流动，改变着中国，影响着世界。纵观人类历史上几次大规模的人口迁徙，无论是哥伦布发现新大陆后引发的欧洲向美洲的移民浪潮，还是欧洲、美洲对非洲黑人长达300年的商业贩卖，两次世界大战迫使约4000万民众的四处逃难，抑或我国历史上的走西口、闯关东、下南洋，等等，他们或因战乱所迫，或缘饥荒所逼，或由种族、宗教、政治歧视，或为商业贩卖，但一个共同的特点是他们的迁徙是被动的、被迫的，是由生存条件好的地方迁往生存条件差的地方。而发端于20世纪80年代的中国"民工潮"，不同于人类历史上任何一次迁徙潮，它是主动的、自愿的，由乡村到城市的流动，由条件差的地方流向条件好的地方，它不是断了后路的单向道外迁，而是留有充分空间的，来去自由，它遍布全中国，波及全世界。

　　农民工是与城市相伴而生的，有了城市就开始有了农民工，只不过当时没有这个称呼而已。在氏族社会时期，部落出于"自守"的需要，筑垣为"城"，随着氏族社会向家族社会转变，不同家族之间有了"抱布贸丝"式的物物交换，"市"作为"买卖之所"应运而生，"城"与"市"的结合便生成了"城市"。在城市"拉力"和乡村"推力"的共同作用下，一些农民开始从乡村进入城市经商务工，这便是最早的农民工。

　　改革开放后的中国农民工，与历史上的农民工以及其他国家的农民工比较有很多不同之处。后者属自然生长，前者是人为生成。在唐代以前，城市的管理一般实行的是坊市制，那时的农民想成为市民也受到一定的限制。但是到了宋代，坊市制改为了街巷制，城门大开，城市得到空前发展，汴京有上百万人口，《清明上河图》描绘了当时的繁盛景象。那个画《清明上河图》的张择端，就是山东省诸城市的一个"农民工"。这种城市的自由发展一直延续到 20 世纪 40 年代末。

在中华人民共和国成立初期，农民向城镇流动曾经也一度非常宽松。许多农民还可以进城在工厂找到一份收入较好的工作。据统计，1954—1956年，我国迁移人口达到7700万人。关键的转折点是1958年出台实施的《中华人民共和国户口登记条例》，农村人口向城镇的流动受到了严格控制，1961—1962年，刚从农村出来的600万城市居民被劝返回乡，其中很多人再也没能回到城市。到20世纪80年代中期之前，农民连进城的资格都没有，出门要获得生产队的批准，要带上生产队、大队、公社的证明信函，即便这几关都过了，还有一关是怎么都过不去的。不论谁走到哪里，吃饭得给粮票，而粮票只有吃商品粮户口的人才有，农民没有获取的资格。几级证明信和粮票把农民堵死在自己家门口。

在中国，把城乡分割开来的最重要壁垒就是户籍制度。一道户籍制度的高墙挡住了中国农民的梦想，城乡壁垒分明，它与生俱来，世代沿袭，不可逾越。每个家庭都必须在永久居住地进行登记。这一身份代代相传，个人要改变这一身份几乎不可能。直到1998年，孩

① 在我们祖国丰富的古画宝库中，宋代张择端所作的《清明上河图》，是特别值得注意的一件。这是其中的一段。
② 1957年冬天起，响应中央开发建设革命老区的号召，一支支由机关干部、转业军人和知识青年加入的建设大军陆续开进井冈山，拉开了"把这一座伟大的山岗变成幸福的乐园"的建设帷幕。（中国专题图库 供图）

子都是自动承袭母亲的身份，农村女性无法通过与城市居民的婚姻改变自己孩子的身份。中国是一个传统的从夫居婚姻制度国家，女性婚后通常要搬到夫家居住，户籍制度阻塞了这一条重要的社会流动通道。户籍作为资源配置和利益分配的最大凭据，计划经济时代附着在市民户口本上的特权有 67 种，已渗透到经济、政治、社会、文化等各个领域，并且盘根错节，互为依存，剪不断理还乱。尽管随着改革的深入，诸如粮票、油票等计划经济时代的福利早已取消，但与城市户籍密切相关的购房、购车、教育、社保、医保、养老等方面的诸多先赋性障碍，农民工仍被边缘化。中国城市化率已达 57%，但真正具有城市户籍的人口只占 35%。

知识青年返乡首先敲开了城镇紧锁的大门。早在 1953 年《人民日报》就发表社论《组织高校毕业生参加农业生产劳动》。1955 年毛泽东提出"农村是一个广阔的天地，

在那里是可以大有作为的"。这句话成为后来知识青年上山下乡的口号。从这一年开始共青团开始组织农场，鼓励和组织年轻人参加垦荒运动。当时，美术家朱宣咸 1958 年创作的作品《知识青年出工去》，就非常典型生动地记录了北大荒农垦在那个特定时代知识青年的画面。1962 年开始有人提出要将上山下乡运动全国化地组织起来，1964 年中共中央为此特别设立了一个领导小组。1981 年 10 月，国务院知青领导小组起草了《二十五年来知青工作的回顾与总结》，总结了中华人民共和国成立以来知青上山下乡运动的起因、发展、失误和教训等若干重大问题，盖棺定论，自此历时 20 多年的城镇知识青年上山下乡运动被画上了句号。

"土地新政"充分激活了广大农民的生产积极性和创业热情，粮食生产连年攀升，温饱问题基本得到解决。物质的丰实和农村内部剩余劳动力的凸显，进城务工成为一种选择。仅 1978—1980 年，剔除自然增长的非农业人口

42

就增加了 1800 万人，是中华人民共和国成立以来非农业人口增加较多的几年。然而，城市还在实行粮食配给制度，商品粮和农副食品供给能力有限，再加上大批知青返城，城市就业压力陡增。1980 年的全国劳动就业工作会议以及 1981 年 12 月国务院下发的《关于严格控制农村劳动力进城做工和农业人口转为非农业人口的通知》，强化了政府对农村劳动力流动的管理。城镇从农村招工受到了严格的限制，未经批准用人单位不得从农村招工，已经在城镇就业的农民被辞退、劝回，严格控制城镇户口的准入，没有户口的一律不供应商品粮。据统计，1982 年农村出乡就业的劳动力回落到 200 万人左右。20 世纪 80 年代初中国的农民工流动，虽然露出了一丝曙光，然而乍暖还寒。

1984 年以后，城市部门开始变为中国经济改革主轴。1979 年 9 月 29 日，叶剑英在庆祝中华人民共和国成立 30 周年大会上的讲话中提出，要重视并认可"个体经济"，3 个月之后，即 1979 年 11 月 30 日，第一个正式注册的"个体工商户"在温州诞生，小商贩章华妹的执照编号为 10101，这是全国第一个个体工商营业（执）照的编号，章华妹也因此成为中国第一个合法的个体工商户。这一年，中国的改革开放才刚刚开始，做生意还被认为是"丢份子"的事情。自此，中国城市民营经济复兴的大门被打开了，在 20 世纪 80 年代得到加速发展。其间一个掀起轩然大波的事件是芜湖"傻子瓜子"事件。年广久开了一家炒货店，雇工 12 人，这在当时被认为是资本家，在本本主义盛行的那个时代，雇工不能超过 7 人，8 人就是走资本

① 年广久和"傻子瓜子"。（马启兵 摄）

主义道路。年广久事件相关材料后被上报给邓小平同志，小平同志表态，"放一放，看一看"，这才让年广久企业生存下来，直到后来享誉全国。城市部门另一个革命性的变革是经济特区建立和发展。1978 年 8 月 31 日，香港商人曾光彪在广东省珠海签订了一项投资建厂的协议。这件事迅速登上了香港报纸的头条，也是中国大陆改革开放后接受的第一笔境外投资。1979 年 7 月，中共中央、国务院同意在广东省的深圳、珠海、汕头三市和福建省的厦门市试办出口特区。1980 年 5 月，中共中央和国务院决定将这四个出口特区改称为经济特区。深圳蛇口的口号"时间就是金钱，效率就是生命"以全新的思维及实践形式震撼了整个中国。城市部门的革新增加了对农村劳动力的需求，城市就业政策出现了松动，1984 年国务院发出《国务院关于农民进入集镇落户问题的通知》，允许农民自理口粮到县城以下的集镇入户居住，发给《自理口粮户口簿》，至此农民才被允许自带口粮到城里走一走，到 1988 年，在城市工作的农民已经达到 2500 万。

邓小平南方讲话后，开始出现农村人口向城市比较大规模地流动。乡镇企业对农村剩余劳动力的吸收能力不断下降，城市经济特别是工业的高速发展导致了劳动力需求的增加，中央和地方政府开始明确鼓励流动人口向城市迁移。农村劳动力迁移模式也改变为大规模向城市制造业、服务业部门流动。城市经济部门开始意识到充分利用农村廉价劳动力发展城市经济的重要性，开始逐渐清除各种政策限制。1997 年，国务院批转的公安部《小城镇户籍管理制度改革试点方案和关于完善农村户籍管理制度意见》明确规定，从农村到小城镇务工或者兴办第二、三产业的人员，小城镇的机关、团体、企业和事业单位聘用的管理人员、专业技术人员，在小城镇购买了商品房或者有合法自建房的居民，以及其共同居住的直系亲属，可以办理

①

城镇常住户口。1998 年 7 月，国务院批转的公安部《关于解决当前户口管理工作中几个突出问题意见》提出，凡在城市有合法固定的住房、合法稳定的职业或者生活来源，已居住一定年限并符合当地政府有关规定的，可准予在该城市落户。农村劳动力外出规模保持了逐年稳定增长的势头，据统计，1997 年农村外出就业劳动力达到 7722 万人，2000 年，农村外出就业劳动力总量达到 8500 万人左右。郝在今 1996 年所著的《八千万流民部落》就是这一时期中国农民大流动的真实写照。

　　进入 21 世纪，农民进城务工对整个社会经济发展的贡献逐步得到社会的认同，社会各方面对进城务工农民的思想观念和态度也发生了变化。2004 年中央 1 号文件第一次提出农民工是我国产业工人的重要组成部分。2006 年出台的《国务院关于解决农民工问题的若干意见》（国发〔2006〕5 号），指出要建立城乡统一的劳动力市场和公平竞争的就业制度，建立保障农民工合法权益的政策体系

① 在附近的派出所，进城务工人员李哥办了一张暂住证。（中国专题图库 供图）
② 城里的生活很精彩，城市的繁华充满诱惑，"进城"成了无数农民的梦想。无法抗拒的民工潮已拥抱了全国几乎所有的大中城市，图为发放劳务输出证的情景。大量的年轻男女就是这样开始了他们的民工生涯。（李莉娟 组稿）

46

和执法监督机制，建立惠及农民工的城乡公共服务体制和制度，拓宽农村劳动力转移就业渠道，保护和调动农民工的积极性。2014 年，国家发布了《国家新型城镇化规划（2014—2020 年）》，指出推进农业转移人口享有城镇基本公共服务，建立健全农业转移人口市民化推进机制。同年，国务院印发了《关于进一步做好为农民工服务工作的意见》（国发〔2014〕40 号），这是继国发〔2006〕5 号文件之后，第二个为做好农民工工作出台的文件。其中明确要求到 2020 年，引导约 1 亿人在中西部地区就近城镇化，努力实现 1 亿左右农业转移人口和其他常住人口在城镇落户，未落户的也能享受城镇基本公共服务，农民工群体逐步融入城镇。现在除了"北上广"这样的特大城市外，地级市及县城户籍已经放开。这波农民工的大流动促进了城市的极速发展，在珠三角地区，香港和广州之间发展出了两个全新的大城市——深圳和珠海，农民工聚集的珠三角形成了世界级的湾区经济圈。长三角虽然迟了十年，但已经是后来居上。在北方，北京也从中心城区向外铺开，到了五环之外。

四十年波澜壮阔的"民工潮"可以用六个"最"概括：一个人类历史上规模最大的人群，在最短的时间内，涌入最没有准备的城市，承托起规模最大的制造业，生产出数量最多的廉价商品，以最低廉的成本改写了世界经济版图。短短的四十年时间，2.8 亿农民走出土地务工经商，在"水泥丛林"之间辛苦劳动，他们有着"偶闲也作登楼望，万户千灯不是家"的无奈，拿着比城里人低得多的工资，从事着又苦又脏又累又危险、城里人不愿干的工作，弥补了城镇劳动力供给的结构性不足，促进了城市第二、三产业发展，为中国城市化和工业化的快速崛起做出了巨大贡献，使中国在全球经济普遍下滑的背景下，一路上扬，高歌猛进，一举成为世界第二大经济体，成就了"中国制造"，从而改变着中国，影响着世界。

中国凭借农民工群体带来的廉价劳动力优势，生产出了世界 20% 的电冰箱、30% 的洗衣机、40% 的袜子、50% 的摩托车、60% 的青霉素、75% 的钟表、80% 的拖拉机、90% 的打火机和纽扣。正是因为有了中国农民工的奉献，才有了"中国制造"和"中国模式"，中国才能成为名副其实的"世界工厂"、世

① 都市里的农民工在自己致富的同时，对城市的建设和发展也功不可没。（人民画报社 组稿）

47

界头号出口国和超过 3.1 万亿美元的第一外汇储备国，才被国际社会称为"G2"，成就了与美国相提并论的国际地位。

为了以丰富的、原真的、充分的形式让农民工的群体形象彪炳史册，光耀千秋，2012 年 9 月全国首个农民工博物馆在广州马务村正式建成开馆。作为全国首个农民工博物馆，馆内收藏了一幅被誉为农民工版清明上河图的大型国画《百业图》，描述农民工在各行各业务工经商的情况；

还有描述农民南下打工，在火车站候车场景的大型雕塑《节后南下火车站》。此外，在农民工博物馆"星光大道"上，还有 253 个务工代表者的手模，它们是 2 亿多农民工群体的象征，博物馆开馆 5 年多来迎客已达 15 万人次。

上海世博会两句口号深入人心，"城市让生活更美好""乡村让人们更向往"，眼下虽然整个乡村还比较落后，但经过改革开放以来的建设，一些发展较快的乡村，已不再是人人都想逃离的"谈农色变之地"，反而变成了

① 春运期间，大量在广东打工的农民工返乡，赚钱回家过年是很多人的心声。（袁学军 摄）
② 高耸入云的上海金茂大厦，记录了农民工对中国经济建设的伟大奉献。（南山 摄）

48

"流连忘返之地"。坊间戏言，现在是穷人进城，富人下乡；忙人进城，闲人下乡；为生存的人进城，为生活的人下乡。还有人戏言，穷人进城去打工，富人下乡去养生。在人们日益增长的美好生活需要与不平衡不充分发展已成为新的社会主要矛盾的今天，绿水青山已是人们寻求"诗意栖居"的理想之地、健康养生的归宿之所。绿水青山就是金山银山，绿水青山就是广大农村发展的"金名片""摇钱树"和"聚宝盆"。有研究者称，人类的财富积累已经由土地、机器、金融、智力进入第五阶段即健康养生阶段，乡村中那些环境优美、空气清新的田园村落、综合体和特色小镇将成为新财富积累的落脚点。

完善制度，调整政策，让农民找准自己的职业定位，能进城的进城定居，该回乡的回乡发展，不论进城还是回乡都能享受到现代化的实惠成果，让农民工成为历史名词，这是时代赋予的使命！

②

皇粮国税

HUANGLIANG GUOSHUI

　　"皇粮国税"是社会对农业税的尊称，是国家对一切从事农业生产、有农业收入的单位和个人征收的一种税，俗称"公粮"，在历史上又称为租税、捐税或赋税等，西方国家称地租税或土地税。它的起源可以追溯到夏朝以前，根据《史记·夏本纪》记载，"自虞、夏时，贡赋备矣"，也就是说夏朝之前就已经有了贡赋，距今已经有4000年以上的历史。夏商周分别实行"贡""助""彻"法，多为井田制，这些都是农业税的雏形。

公元前594年，鲁国为了增加税收，进行税制改革，采用"初税亩"的制度，无论公田、私田，一律按亩纳税。与以往征收田赋的方式相比，"初税亩"最大的特点是承认了土地私有化，凭借国家政治权力向土地所有者征收税赋，而以往的征收方式为"籍而不税"，更像是在收取租金。无论是从形式，还是从内容上看，"初税亩"都更接近于现代的税收，所以，多数人倾向于把公元前594年作为我国农业税征收的起点。

19世纪之前，中国是一个农业社会，以农养政，以农养兵，以农养城，以农养国，国家机器的运转靠的就是农业税收。在历史上，农业税一度高达国家财政收入的80%，直到1950年，农业税还占当时我国财政收入的39%。在古代，各种财政征收最终往往落在农民的头上，农民投入再生产的能力严重不足。更要命的是，尽管中国历史上出现过"两税法""一条鞭法""摊丁入亩"等试图减轻农民税收负担的改革，但是每次税费改革后，都掉入"黄宗羲定律"，农民负担在下降一段时间后又涨到一个比改革前更高的水平，即使是屡被提起的"文景之治""贞观之治""康乾盛世"，也只是短暂的轻徭薄赋，没能逃出"积累莫返之害"。

随着中国传统农业的发展和演变，税赋制也不断地变迁和演进，成为农业文化传承的重要内容。史上的土地鱼鳞册，是官府最大的档案库，农民起义或改朝换代，攻下一座城，首先把土地档案库保护起来。这是他们收取农业税的凭据，没有这个东西，新政权就无法存活。唐代著名理财家杨炎说："财赋者，邦国之本，如生人之喉命，天下治乱轻重系焉。"北宋时期著名哲学家、思想家、教育家、改革家李觏说"国之所宝，租税也"。白居易任职四川忠州时，收税顺利，不禁作诗"且喜赋敛毕，

① 出土的简牍中有长沙郡所属人名、民簿、名刺、官刺（与现代名片类似）、账簿五大类。详细真实地记录了当时人们的现实生活、社会交往、政治经济关系。图为：佃田租税券书。（冷寒冰 组稿）
② 《收租院》雕塑，描写了地主奸诈、毒辣，农户忍痛地给地主送租子的情形。图中小孩饿得皮包骨头，母亲也饿得头晕，还得把仅有的半袋谷子拿去交租。（人民画报编辑部 组稿）

②

幸闻闾井安"；李自成领导农民起义时最煽动人心的口号是"均田免粮"。

　　隋唐时期的"均田制"是中国历史上土地国有制的典型。除均田制之外，国家所有的土地也实行过"屯田制""占田制"等，都是国家将国有的土地按照各种方式分配给农户耕种，都需要收取租金。到了宋、元、明、清各朝代，一般将国家所有的土地称为"官田"，官田虽属国家所有，但在耕作方式上与私田没有多大差别，国家也会将土地交由小农耕种，小农直接向国家交租，甚至官田的租税负担比私田征收的还要重。

　　在西方人眼里，税收同样十分重要，马克思曾经说过："赋税是喂养政府的奶娘。"在法国资产阶级革命、美国资产阶级革命中，税收因素均扮演了重要角色。

中华人民共和国成立之初，我国选择优先发展重工业战略，农村支持城市、农业支持工业，亿万农民通过缴纳农业税为国民经济的恢复和社会主义建设做出了巨大贡献。据统计，从1949年至2000年的52年间，农民向国家缴纳了7000多亿公斤粮食。皇粮国税取消之前，我国的农业税主要有两部分：对农作物征收的农业税和对经济作物征收的农业特产税（1994年之前叫农林特产税）。1958年6月，第一届全国人民代表大会常务委员会第96次会议通过《中华人民共和国农业税条例》，规定全国农业税平均税率为常年产量的15.5%，各省、自治区、直辖市的平均税率根据各自的经济情况另行确定。除了国家征收的农业税之外，国家还允许地方根据实际需要，在一定的比例内附征一些税额，由地方使用，也叫"地方自筹"。1983年国务院发布《关于对农林特产收入征收农业税的若干规定》，国家开始在福建、广西等少数省区开征农林特产税，特产税在1989年全面放开，放开后特产税收入逐年增长，由1987年的不到6亿元增加到1993年的22亿元，农林特产税在1994年又改名为农业特产税。

"地方自筹"里主要是"三提五统"，村里的公积金、公益金、管理费，乡（镇）合作经济组织的教育附加费、计划生育费、民兵训练费、民政优抚费、民办交通费也需要农民负责。此外，在 20 世纪八九十年代的时候，有些地区还存在乱集资、乱摊派和乱收费的"三乱"现象。一些农村流传着"头税轻，二税重，三税是个无底洞"的说法，这其中"头税"指的是农业税，"二税"指的是提留统筹，"三税"是集资摊派。这种乱收费、乱摊派主要起源于 1985—1987 年流行的一句口号"人民事业人民办，办好事业为人民"，于是各行各业纷纷向农民伸手，十几顶大盖帽管着一顶破草帽。名目繁多的各种"费"不仅提高了农民实际支付的额度，更导致农村税制混乱，为巧取豪夺、中饱私囊者开了便车。农民压力大，怨声载道，频频上访，有些农民直接拒交，乡村干部也为收费而疲于奔命，"登百家门、收百家钱、遭百家骂"，他们遇到的是"人要生了，狗要熟了"的尴尬。随着国民经济的不断发展，农业生产总值在 GDP 中的比重不断下降，到 2000 年，第一产业增加值占 GDP 的比重已经由 1978 年的 27.7% 下降到 14.9%。这时，农业税对国家税收的贡献已经不再那么必不可少。同时，这个时期城市发展迅速，城镇居民收入增长较快，城乡收入差距不断加大，2002 年以后城乡收入比连续过 3，农业、农村和农民一跃成为人们关注的焦点，工业反哺农业的做法逐渐获得社会的认可。

西方对于纳税有个形象的比喻，就是"拔最多的鹅毛，听最少的鹅叫"。税收是进行收入再分配，调节收入差距的有效手段，好的税收制度是让富人纳税、穷人免税。到世纪之交，农民已经成为社会公认的"穷人"，但专门针对农业、农村的税种还依然存在，这有悖于现代社会关于税制公平的基本原则，对农民形成了极不公平的税收负担。中华人民共和国成立以来，对我国工业发展和城市建设做出了巨大贡献的农业和农民是时候歇一歇了。

在实践中，早在 20 世纪 90 年代，地方政府就已经先行先试，为减轻农民负担、规范农村税费制度探索经验，到 2000 年之前，全国至少有 7 个省的 70 多个县进行

① 苏仁球一家种地 6 亩，除半亩自留地外，另有 3 亩种粮食，2.5 亩种棉花，棉田还种一茬麦子。正常年景可收水稻和麦子 1000 多公斤，除按合同交售公粮 302.5 公斤外，其余均留作口粮。两亩半棉田可产皮棉 150 公斤，全部交售给国家。（中国专题图库 供图）

过农村税费改革试点。比较有代表性的如安徽省太和县的"税费合一、统一征收"，湖北省枣阳市杨挡镇的"大包干"，贵州省湄潭县的"税费统筹"，湖南省武冈市的"费改税"，河北省的"公粮制"和"税费合一、人地分摊"等。这些做法因地制宜、各有特色，但都在一定程度上体现出了"减轻、规范、稳定"的大趋势，为国家实施农业税改革探好了路。

在"农民真苦、农村真穷、农业真危险"的呼声下，从2000年开始，中国进行了以减轻农民负担为中心，以取消"三提五统"等税外收费、改革农业税收为主要内容的农村税费改革。2000年3月，中共中央、国务院发布《关于进行农村税费改革试点工作的通知》，决定设立农村税费改革试点，探索降低农民负担。文件规定："取消乡统筹费、农村教育集资等专门面向农民征收的行政事业性收费和政府性基金、集资；取消屠宰税；取消统一规定的劳动积累工和义务工；调整农业税和农业特产税政策；改革村提留征收使用办法。"这是中央主动发起的一场关于调整国家与农民经济关系的重大变革。

"大包干"的发源地——安徽被中央选为农村税费改革的试点省，其他省、自治区、直辖市根据实际情况选择部分地区进行尝试。安徽省的改革成效明显，农民税赋明显减轻。改革的头一年，安徽省农民总税费减少了16.9亿元，减幅达31%，全省农民人均现金负担减少33.9元。更重要的是，取消了50多种集资收费项目，解决了乱集资、乱摊派和乱收费的"三乱"问题。2001年，江苏省自费在全省开展试点，也取得了明显进展。随后，农村税费改革试点范围快速扩大，受到了广大农民的热烈欢迎，也得到了地方政府的大力支持，到2003年基本全面铺开，全国农民都享受到了改革的红利，所余负担只剩下农业税和农业税附加。

农民的负担减少了，但城乡发展的差距依然在扩大，城乡居民的收入比依然在增加，种地不如打工，农业依然是不赚钱的行业。对比之下，农民的种粮积极性依然不高，到2003年，全国粮食总产量跌到了8613亿斤。这时，农业税对财政收入的贡献已经下降到了1%左右，而"三农"问题已经成为全党工作的"重中之重"，中共中央在十六届四中全会上，明确提出了"两个趋向"（在工业化初始阶段，农业支持工业，为工业提供积累带有普遍性的趋向；在工业化达到相当程度后，工业反哺农业、城市支持农村也带有普遍性的趋向）的论断，取消农业税的政策呼之欲出。

"我要在这里向大会郑重报告，从今年起，中国逐步降低农业税税率，平均每年降低一个百分点以上，五年内取消农业税。"这是2004年3月5日，时任国务院总理温家宝在做政府工作报告时向全国人民传达的"好消息"，听到这个好消息，全场掌声雷动、经久不息。来自粮食主产区湖北省荆州市的应

① 2004年温家宝总理许诺："五年内取消农业税。"2005年财政部部长金人庆就宣布："年底完全停收农业税。"在涉及中国最大群体——农民的实际利益的问题上，政府的高效可见一斑。从周朝开始，在中国已经拥有2600多年历史的"皇粮地租"终于退出了农民的生活，彻底成为真正的历史。

在中华人民共和国成立初期大力支持了国家建设和发展的"农业税"在新的社会条件下已经走了样。事实上，由于税率高、税制不合理与税负不公平，中国的农业税已退化为定额的土地税——地租，作用有限，却给农民造成很大负担。如今彻底取消，让农民获得实惠，而中央的改革也跳出了赋税改革"越改越重"的"黄宗羲定律"。（人民画报资料室 组稿）

代明代表喜不自禁，用红笔、蓝笔在这句话旁边连写了三个"好"字，加了三个重重的感叹号。"两减免、三补贴"，从这一年开始，全国取消了除烟草以外的农业特产税，吉林、黑龙江两省作为试点免征农业税，河北等11个省区降低3个百分点的农业税，其他省区降税1个百分点。

2006年农业税全面取消，亿万农民种地不再交钱，与农村税费改革前的1999年相比，仅明面上的税收，农民人均减负120元左右。我们结束了以农养政时代，进入以工养政、以商养政时代。这是一个永载史册的年份，我国的农业发展迈入新阶段，其意义无论怎样评价都不为过。

夏商周秦汉、唐宋元明清，"重农思想"贯穿中国历朝历代，重视农业、以农为本，是在以农养政、以农养国、以农养城背景下的安邦之策。但是，历朝历代重农思想的核心就在于重业而不重人，农民反而成为被剥夺最重的对象。如今，我们取消农业税，以工业反哺农业，实现了真正的以人为本，从根本上颠覆了历朝历代的治国思想。今天我们要加长农业现代化这条"短腿"，关键就在于重业更要重人，重业必先重人。没有经营主体——农民的现代化，农业就不可能现代化起来，再先进的技术、设备，再一流的理念、管理，没有现代化的承接主体进行操作，都毫无价值。

我国农业税征收从公元前594年的鲁国"初税亩"开始到2006年结束近2600年。在这2600年里，中国古代

① 2005年3月16日，湖南省邵阳县下花桥镇徐家村农民刘少成夫妇喜不自禁，拿出伴随走过数十个春秋的"负担监督卡"予以告别。而自2006年1月1日起废止《农业税条例》，则意味着在中国延续两千多年的农业税正式走入历史。（人民画报资料室 组稿）
② 珠江三角洲地区随着开放程度的进一步深入，产业结构发生了显著变化。农业生产由创值农业向创汇农业转变，使当地的粮食生产连年获得丰收。（何廉 摄）

②

历史上也出现过免征农业税的情况，但只是免征不是免除，属于短期的轻徭薄税。我们今天所说的免除农业税是彻底地取消，让农业税从此成为历史，这是开天辟地的壮举。"文景之治"免征农业税的背景和今天也有很大不同。西汉初年，因多年战乱导致社会经济凋敝，农民生活困顿，如果征税，更会民不聊生，只能采取"轻徭薄赋""与民休息"的政策，那是在困境下不得已的选择。2006 年取消农业税的背景是国民经济快速发展，综合实力不断提升的"太平盛世"，取消农业税的目的是改善民生，缩小城乡差距，是政府的主动行为，体现出国家的富足和对民生的关注。

③ 不再交农业税了。（雷声 摄）

　　"皇粮国税"的终结，不仅免掉了每年500亿左右的农业税，也免掉了"三提五统"。再加上其他的统筹、集资和乱收费，免除力度十分巨大。

　　从20世纪90年代开始，全面清理农民负担，支持农业发展成为国家农业农村工作的重头戏。1998年10月，党的十五届三中全会通过《中共中央关于农业和农村工作若干重大问题的决定》，提出"坚持多予、少取，让农民得到更多的实惠"。2002年中央农村工作会议在"多予少取"的基础上进一步肯定加大"三农"支持力度，指出新阶段增加农民收入总的指导思想是"多予、少取、放活"。从此，减税收、增补贴成了农业农村工作的大趋势。除逐步实行农业税改革外，各级财政在政策的指引下，逐步增加对农村基础设施建设、农业社会事业服务的投入水平，增加对农村金融的支持力度，增加扶贫投入，围绕"六小工程"扩大投资规模，改善了生活，促进了生产，减轻了农民负担，增加了农民的投入能力和投入积极性。

　　为促进粮食生产、保护粮食综合生产能力、调动农民种粮积极性和增加农民收入，财政部从2000年下半年开始酝酿粮食直补方案。2001年，国务院28号文件通过了开展粮食直补试点的建议。2002年，在财政部的统一部署和指导下，以县为单位在安徽、吉林、湖南、湖北、河南、辽宁、内蒙古、江西、河北等粮食主产区进行不同模式的粮食补贴试点。2003年，安徽省在总结天长、来安两县（市）的试点经验基础上，在全省范围内进行试点。试点取得了很好的效果，2003年年底，国务院召开的农业和粮食工作会议决定，从2004年起在全国范围内实行粮食直补。2004年，全国共安排直接补贴资金116亿元，在29个省（区、市）全面展开，2008年后，补贴范围扩大到全国31个省（区、市）。农民种粮不但不用担心有人催缴税赋，还可以获得相应补贴。

　　2004年中央1号文件提出实施"两减免、三补贴"。"两减免"是减免农业税、取消除烟叶以外的农业特产税、全部免征牧业税，"三补贴"是对种粮农民实行直接补贴、对部分地区农民实行良种补贴和农机具购置补贴。"三补贴"与2006年开始实施的农资综合补贴构成了近些年我国农业补贴的基础——农业"四补贴"（2015年，为支持耕地地力保护和粮食适度规模经营，种粮直补、农资综合补贴、良种补贴合并为"农业支持保护补贴"）。到2015年，"四补贴"资金达1671.55亿元，按农村户籍人口计算达到人均 277 元，占农民人均纯收入的 2.6%。

2013 年，粮食种植三项直接补贴平均每亩 80 多元，而每亩粮食净收益（扣除土地和劳动力成本）仅有 73 元。在中央重中之重战略思想和"多予、少取、放活"方针指导下，我国农业支持保护手段从少到多，由粗到细，成为保障"三农"工作顺利开展的重要支撑，形成了以生产补贴、价格补贴、收入补贴、金融补贴、生态补贴和产区利益补偿为框架的农业支持保护体系。各种强农惠农补贴达到几十种，对推动农业发展、促进农民增收、协调工农关系，调动农民生产积极性发挥了重要作用。中央财政用于"三农"支出的经费逐年增加，而且增速高于财政总支出的增速。用于"三农"支出的经费从 2006 年的 3397 亿元，增加到 2013 年的 13799 亿元，7 年间增加了 4 倍多；占中央财政支出的百分比从 2006 年的 14.47%，增加到 2013 年的 20.14%。2014 年以后，"三农"支出的统计口径有所变化，但支持总量仍然呈逐年增加趋势。

我国农业补贴种类齐全、覆盖面广。农业生产方面，有投入品补贴、生产者补贴、农民培训补贴、农业基础设施建设及管护补贴；价格支持方面，有最低收购价政策、目标价格补贴；农民收入方面，有综合性补贴；农村金融方面，有农业贷款贴息、农业保费补贴；利益补偿方面，有重要农产品主产区利益补偿；生态补贴方面，有地力补贴、轮作休耕补贴。

农业税的取消和农业补贴政策的实行标志着国家与农民由取到予关系的历史性转折，得到广大农民群众的拥护，有效地促进了农村的和谐稳定。农业补贴政策实施十多年，取得了显著成效。2016 年农村居民转移净收入 2328.2 亿元，达到可支配收入的 18.8%，对农村居民收入的影响越来越重要。农村居民收入不断增加，而且与城市居民收入的差距持续缩小，到 2016 年，城乡收入比已经降低到 2.72，上海、江苏、浙江等地已经降到 2.3 以下。农民种粮积极性被调动起来，创造了粮食生产"十四连丰"的奇迹。

2004—2011年我国粮食总产量实现连续八年增产

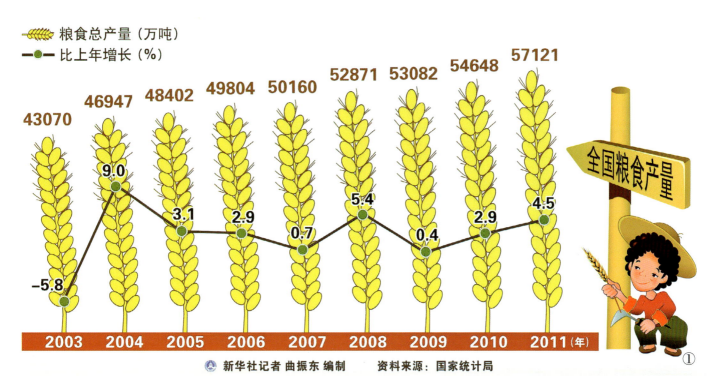

粮食总产量（万吨）
比上年增长（%）

43070　46947　48402　49804　50160　52871　53082　54648　57121

-5.8　9.0　3.1　2.9　0.7　5.4　0.4　2.9　4.5

全国粮食产量

2003　2004　2005　2006　2007　2008　2009　2010　2011(年)

新华社记者 曲振东 编制　　资料来源：国家统计局

　　如今无税时代的农业与过去相比有着更广阔的发展前景，过去农民是"交够国家的，留足集体的，剩下都是自己的"，现在农民不仅收入全部都是自己的，还得到许多项补贴。只要扑下身子，好好经营，从事农业的收入不比外出打工差。在国家的政策支持下，越来越多的大学毕业生选择返乡就业和创业。据人社部测算，"十二五"期末大学毕业生返乡创业比例达到1%，"十三五"这一比例将达到3%。大学生返乡创业领域越来越宽，他们根据自己的特长、兴趣及拥有的资源，对乡村特色种养业、农产品加工业、休闲农业和旅游、电子商务、特色工艺等新兴产业无所不及，广泛涵盖农村第一、二、三产业。

① 2004年7月，全国农村税费改革试点工作会议提出，取消专门面向农民征收的各种税费。2005年12月29日，第十届全国人民代表大会常务委员会第十九次会议通过决定：第一届全国人民代表大会常务委员会第九十六次会议于1958年6月3日通过的《中华人民共和国农业税条例》自2006年1月1日起废止，在中国延续了两千多年的农业税正式成为历史。农业税的取消，标志着中国农村改革进入了以乡镇机构、农村义务教育和县乡财政管理体制改革为主要内容的综合改革阶段。全面取消农业税，对于减轻农民负担、增加农民收入、调动农民生产积极性、巩固农业基础地位、促进城乡统筹发展具有重要意义。（新华社 组稿）

入世大考

RUSHI DAKAO

"通商者，相仁之道也，两利之道也，客固利，主尤利也。"世界是开放的，每一个国家，都需要通过贸易互通有无、增进交流。党的十五大强调对外开放是一项长期的基本国策，要大力发展开放型经济。从20世纪90年代初开始，我国就开始尝试与国际接轨。不但在汇率制、外贸企业经营管理、信贷政策等方面逐渐向国际规则和惯例靠拢，还主动降低关税并取消了一些非关税壁垒（1992年至1997年，连续4次大幅度降低进口关税税率，农产品平均关税税率降到21.2%），同时对国际上的一些质疑也给予回应。

中国是世界第一人口大国，中国的粮食问题始终受到世界的广泛关注，美国学者莱斯特·布朗在 1994 年写过一篇名为《谁来养活中国》的文章，认为未来的中国必将出现粮食短缺，对世界粮食安全构成威胁。这篇文章引起了社会各界的广泛关注，引发国际社会对中国粮食安全的担忧。对于这个问题，在 1996 年联合国粮农组织召开粮食首脑会议期间，我国发表了《中国的粮食安全状况》白皮书，提出立足国内资源、实现粮食基本自给的方针，向国际社会承诺："中国将努力促进国内粮食增产，在正常情况下，粮食自给率不低于 95%，净进口量不超过国内消费量的 5%。"

2001 年 12 月 11 日，中国正式加入世界贸易组织（WTO），成为第 143 个成员，中国的对外开放进入了一个全新的阶段，可以在更大范围和更深程度上参与经济全球化。在两个资源、两个市场面前，中国的农业生产的机遇与挑战并存。加入世界贸易组织为我国农业发了一张必答的试卷。一考能否守住国门：我国农产品将面临国际市场的冲击，从前，农业需要面临自然风险、社会风险和市场风险，现在又加了一个国际风险，在这样的情况下是否还能一如既往地保持生产、保障粮食安全？二考能否走向世界：农产品是否能突破绿色壁垒，得到国际认可？三考能否保住资源：在引进外资的同时，如何避免对国内资源的掠夺？四考能否持续增收：加入世界贸易组织后，我们要适应规则，在新的规则下，农民的利益是否会受到影响？这些问题，我们避无可避，只能直面挑战。

中国加入世界组织之后，必须遵守其规则。世贸组织设置了黄、绿、蓝三箱政策。"黄箱政策"是指农业补贴进入成本，干扰市场价格；"绿箱政策"是指补贴不进入成本核算，不干扰市场价格；"蓝箱政策"指的是休耕补贴政策。入世时我们承诺的黄箱补贴上线不超过农业产值的 8.5%（发达国家为 5%，发展中国家为 10%），像粮食直补、粮种补贴都是"黄箱政策"内容。

① 1999 年 11 月 15 日，中国外经贸部部长石广生和美国贸易代表巴尔舍夫斯基在北京签署中美关于中国加入世界贸易组织的双边协议。（刘卫兵 摄）

在刚入世的头几年里，我国受限的"黄箱政策"使用最多，不受限的"绿箱政策"使用较少，"蓝箱政策"基本没有。近年来，中国主动适应规则，积极调整农业支持结构，不断加大基础设施、农业保险、环境治理和扶贫的资金投入力度，增加"绿箱"比例。在此基础上，还积极探索"蓝箱"补贴，2016 年中央全面深化改革领导小组第二十四次会议审议通过了《探索实行耕地轮作休耕制度试点方案》，在东北冷凉区、北方农牧交错区等地开展轮作试点，在地下水漏斗区、重金属污染区、生态严重退化地区开展休耕试点，这是中国的第一个"蓝箱"补贴方案。这种做法既支持了"三农"，又没有违反世贸协定，实现了从被动到主动的转变。

为了加入世界贸易组织，中国在关税、出口补贴、关税配额等方面做出了减让的承诺，承诺到 2004 年将农产品平均关税从 21% 降到 15.8%。若想遵守承诺，就得有保有放，保住战略意义大的农产品，放开一般性农产品。从国家农产品安全战略考虑，在作物产品中，将三大主粮、棉花、糖料作为重点保护对象，实施进口关税配额管理，保证配额外进口成本高于国内价格（玉米、大米、小麦三大主粮配额内税率为 1%，配额外关税为 65%；棉花配额内税率 1%，配额外采用 5%~40% 的滑准税率；糖料配额内税率 15%，配额外税率 50%）。同时，中国按照承诺降低税率，到 2005 年平均税率已经降低到了 15.3%（约为世贸成员平均水平的四分之一）。2006 年，又进一步降低了 100 多个农产品的进口关税，平均关税降低到 15.2%，在保障重要农产品生产安全的前提下，超额地履行了入世承诺。

民以食为天，食以粮为先，加入世界贸易组织，粮食安全是绕不过去的话题。农业是国民经济的基础，粮食是基础中的基础。基础不牢，地动山摇，我们不能把基础命脉交到别人手上。更重要的是，国际贸易无法保障我国粮食安全。全球粮食供求偏紧，贸易量很小，通过国际市场调剂的空间十分有限。据统计，全球每年粮食的正常贸易总量仅为我国粮食需求量的 45%，国际市场大米贸易总量仅相当于我国稻米消费量的 15% 左右。同时，粮食消费需求弹性小，供求两端任何细小的变化都可能产生剧烈的价格反应。从历史经验来看，如果我国进口粮食占国际粮食市场贸易量的 10%，国际市场粮价则可能上涨 100%，

---

① 2000 多亩矿山采空区经过工程复垦、生物复垦，采空区复垦率在 95% 以上，复地率达到 118%。复垦的成功实现了把矿山采空区重新变成耕地的愿望，使企业走上了一条绿色生产之路。（赵品贤 摄）

所以我国粮食问题必须立足国内解决。

2013 年，在中央农村工作会议上，习近平总书记对新时期粮食安全战略进行了系统阐述。他强调"悠悠万事，吃饭为大""要牢记历史，在吃饭问题上不能得健忘症，不能好了伤疤忘了疼"，同时提出以我为主、立足国内、确保产能、适度进口、科技支撑的新的国家粮食安全战略。

"中国人的饭碗必须牢牢地端在自己手里"，"中国人的饭碗里必须主要装中国人自己的粮食"。为了实现这个目标，保持农业生产积极性、保证农产品有效供给，国家做了诸多重要部署。

18 亿亩耕地红线，既是红线，又是底线，也有人称之为生命之线，它是保障国家粮食安全所必须严防死守的最后一道屏障。从 20 世纪末开始，由于建设占用、生态退耕、农业结构调整和自然灾害损毁等原因，我国耕地不断减少，

① 60 多年的北大荒精神积淀成就了黑龙江垦区"中华大粮仓"的口碑。（段崴 摄）
② 《全国土地利用总体规划纲要（2006—2020 年）》。

从 1996 年的 19.51 亿亩，减少到 2006 年的 18.27 亿亩，如果再不约束，后果不堪设想。为了遏制耕地减少势头，保障国家粮食安全，2006 年，十届全国人大四次会议上通过的《中华人民共和国国民经济和社会发展第十一个五年规划纲要》提出 18 亿亩耕地是一个具有法律效力的约束性指标，是不可逾越的一道红线。"耕地红线"提出来后，引起高度重视，在接下来的每年中央 1 号文件中，被连续反复提起。

国务院印发的《全国土地利用总体规划纲要（2006—2020 年）》中，对接下来 15 年土地利用的目标和任务提出 6 项约束性指标和九大预期性指标，指出要确保中国耕地保有量到 2020 年不低于 18.05 亿亩，确保 15.60 亿亩基本农田数量不减少，质量有提高。2016 年，国土资源部印发《全国土地利用总体规划纲要（2006—2020 年）调整方案》，对相关内容进行了调整，要求到 2020 年，全国耕地保有量为 18.65 亿亩以上，基本农田保护面积 15.46 亿亩以上。党的十八大以来，中央高度重视耕地保护工作，继续强调严防死守 18 亿亩耕地保护红线，并提出确保实有耕地面积基本稳定、实行耕地数量和质量保护并重等更高要求。十九大报告指出，中国特色社会主义进入新时代，我国社会主要矛盾也发生了显著变化，但完成生态保护红线、永久基本农田仍然是发展的硬约束。

"米袋子"省长负责制是 1993 年以来提出并坚持实行的一项重要制度。进入 20 世纪 90 年代以后，随着经济发展和农业机会成本提高，粮食生产的地区布局发生了重大变化，"南粮北调"变为"北粮南运"，

全国土地利用总体规划纲要
（2006—2020年）

中国法制出版社

②

粮食供给出现偏紧趋势，从 1993 年第四季度开始，粮食市场价格出现了持续大幅度上涨的现象。为了遏制这种势头，1993 年印发的《国务院关于加快粮食流通体制改革的通知》提出各省（区、市）要切实加强粮食管理，搞好本地区粮食数量品种平衡，确保粮食供给。1995 年中央农村工作会议的要求更加具体，指出党政主要领导要实行严格的责任制，"米袋子"如果出了问题，直接由这个省的书记、省长负责。

① 北江流域面积达 4 万多平方公里，在广东境内最具有重要战略地位。近年来，当地农业生产保持稳定发展，农业产业结构进一步改善，产业化步伐明显加快。（中国专题图库 供图）

　　2013 年 4 月国务院总理李克强主持召开国务院常务会议，再次强调夯实农业基础，硬化细化"米袋子"省长负责制。同年 12 月中央农村工作会议提出的新形势下的国家粮食安全战略，对完善"米袋子"省长负责制提出了新的更高的要求。这次要求内容更细、要求范围更广，不但体现了对粮食从生产到储备再到流通、消费等各环节全方位的重视，还建立了监督考核机制，增加了追责和问责制度。"米袋子"省长负责制，强化和突出省级政府的责任，划分了中央政府和地方政府在粮食工作上的责权和事权，促进了各级政府对粮食生产的高度重视，对确保粮食安全起到了举足轻重的作用。

　　除了划定红线、明确责任之外，国家还先后实施了建设粮食生产功能区、推进体制机制和科技创新等一系列政策措施，为国家粮食安全打下了坚实基础。2004 年以来，我国粮食连年丰收，谷物自给率常年保持在 90% 以上。国家粮食安全得到了较好的保障。

　　根据世界贸易组织《技术性贸易壁垒协议》（TBT）的有关规定，世界贸易组织成员可以出于保护国家或地区安全利益，保障人类，动物或植物的生命或健康，保护环境，防止欺诈行为，保证出口产品质量等方面的考虑，制定不同的技术法规和产品质量标准。我国农产品质量安全工作起步较晚，在 21 世纪初，农业标准化生产还比较落后，不但农业标准化体系建设无法与世界接轨，而且在生产过程中标准的贯彻难度也很大，以至于"绿色壁垒"一度成为限制我国农产品出口的重要因素。

　　突破壁垒，才能走向世界。为了提高我国农产品的国际竞争力，同时也为了满足国内日益增长的健康需求，一场轰轰烈烈的以完善监管，提高农产品质量，实现农业标准化生产、品牌化运营为主体的攻坚战就此展开。

　　加入世界贸易组织之前，农业产品标准方面只有 1993 年农业部印发的《绿色食品标志管理办法》。入世之后，"三品一标"建设全面启动。2001 年 12 月 25 日，中国国家环保总局发布了《有机食品规范》；2002 年，农业部启动了"无公害食品行动计划"；2002 年 12 月修改的《农业法》第二十三条规定"符合规定产地及生产规范要求的农产品可以依照有关法律或者行政法规的规定申请使用农产品地理标志"，根据这一规定，农业部 2007 年出台了《农产品地理标志管理办法》。"三品一标"认证体系的建成，为我国农业标准化生产，农业品牌建设提供了很好的契机，但在执行过程中，也发现了商贩乱贴标签、产品追溯难、指标体系逐渐过时等现象。为进一步规范市场行

为，完善认证体系，对一些认证管理办法进行了修改和完善。2012年农业部施行新的《绿色食品标志管理办法》，提高绿色食品准入门槛，建立绿色食品企业年检、产品抽检、风险防范、应急处置和退出公告等证后监督检查制度。2014年质监总局实施新的《有机产品认证管理办法》，设立了认证标志统一编号制度、档案记录制度、有机产品认证目录制度，实现了产品可追溯。

质量监管，立法先行。2009年，十一届全国人民代表大会常务委员会第七次会议通过了《中华人民共和国食品安全法》，该法在2015年修订后，建立了最严格的监管处罚制度，对生产、销售、餐饮服务等各环节实施最严

格的全过程管理，被誉为"史上最严"。

我国的农产品标准化建设突飞猛进。截至2016年年底，"三品一标"总数接近10.8万个，无公害农产品、绿色食品、有机食品和农产品地理标志分别达到7.8万个、2.4万个、3844个和2004个。2017年年初，全国农产品质量安全例行监测总体合格率超过97%。现在我国不仅有国家标准，还有行业标准和地方标准，一些产品的行业标准或地方标准已经达到或超过发达国家的标准水平。例如，我国香菇，很多地方标准对农药残留和甲醛的要求都高于日本。像"老干妈""乌江榨菜"等品牌已经把生意做到了全世界。我国农产品进出口贸易总额从2001年的

① 北大荒工业化解决了农产品原字号出售的低端模式，提升了农产品附加值，使农场职工增产增收。（人民画报社 组稿）
② 农业大市的山东省诸城市又是一个农产品深加工大市。这是辛兴外贸淀粉厂利用诸城市生产的玉米等进行深加工，为发展养殖业和其他工业提供充足的饲料和原料。（中国专题图库 供图）

279.2 亿美元增加到 2017 年的将近 2000 亿美元，居世界第二位。

从 2012 年开始，在国际经济下行、汇率变动以及我国实行了长期托市政策等多种原因的共同作用下，国内三大主粮的价格开始逐渐高于国际市场，最严重时，比国际到港后的完税价（配额内）高出一半左右。一度出现了"洋粮入市，国粮入库"和"三高"并存的尴尬局面。在国际价格低位徘徊的同时，国内农业生产成本不断攀升，形成了"双板挤压"的难解之局。为了破局，我国从 2016 年开始对情况最严重的玉米生产实施市场化改革，在取消玉米临储政策的同时，建立玉米生产者补贴制度，按照"市场定价、价补分离"的原则，构建起了"市场化收购"加"补贴"的新机制。到 2018 年年初，已经顺利实现了玉米市场化改革的过渡，玉米产业链上各个环节的利益分配趋于

②

合理，活力增加，国内外玉米价差也缩小到了合理范围之内（国内玉米在 2017 年的个别月份低于美国墨西哥湾 2 号黄玉米到港后的完税价）。

面对"两种资源，两个市场"，2001 年，"走出去"战略被写入我国国民经济和社会发展"十五"规划纲要。一些农业企业开始积极开展对外投资，在俄罗斯、东南亚、非洲、南美等地区进行农业开发、合作经营，开发与合作的领域涉及粮食和经济作物种植、畜禽养殖加工、远洋捕捞、仓储和物流体系建设、森林资源开发与木材加工、设施农业和能源开发等多个领域。2003—2015 年，中国农业对外投资流量从 0.8 亿美元提高到了 25.7 亿美元，增长了 30.6 倍。一条持续、稳定、合理的全球资源性农产品进口供应链正在建立形成。

2013 年，习近平总书记在哈萨克斯坦和印度尼西亚提出共建"丝绸之路经济带"和"21世纪海上丝绸之路"的合作倡议，提出要加强对外合作，充分利用两个市场、两种资源，在全球范围内优化配置，与沿线国家共同打造政治互信、经济融合、文化包容的利益共同体、命运共同体和责任共同体。2015 年 3 月，国家发展改革委员会、外交部、商务部联合发布了《推动共建丝绸之路经济带和 21 世纪海上丝绸之路的愿景与行动》。希望沿线各国未来加强合作，做到"政策沟通、设施联通、贸易畅通、资金融通、民心相通"。"一带一路"的提出标志着中国不仅能遵守规则，还能制定规则，已经从世界规则的跟随者变成了引领者。

到 2017 年 5 月，已有 100 多个国家和国际组织表达了积极参与"一带一路"合作和建设的意愿，签署了 50 多个政府间合作协议，70 多份国际组织及部门协议。

我国的农产品和农业文化已经打开国门走向世界。家喻户晓的"老干妈"已有 20 个品种的产品销往海外，涵盖"一带一路"沿线国家在内的 72 个国家和地区；中医药传播已遍及 183 个国家，其中 67 个国家承认了中医的合法地位，有 103 个国家可以使用针灸，美国 50 个州中有 46 个州及华盛顿特区通过了针灸立法，全美有执照的针灸师达 4 万人。

实践证明，在入世大考中，中国交出了令人满意的答卷，不但做好了必选题，也完成了加分项。

76

① 2014年10月，新疆某清真食品公司出现在第四届中国—亚欧博览会的展台上。随着"一带一路"倡议的深入，越来越多的新疆企业把目光投向外部，与国际接轨。（中国专题图库 供图）

"两公"布阵

LIANGGONG BUZHEN

战争年代,农村包围城市;建设年代,农业支援工业;改革年代,农民服务市民。以乡养城的定式思维已成惯性,工业反哺农业、城市支持农村的以城促乡、城乡一体化发展和城乡融合发展的理念还未真正深入人心,党的十九大谆谆告诫全党,"三农"问题是关系国计民生的根本问题,必须始终把解决"三农"问题作为全党工作的"重中之重",任何时候都不能忽视农业、忘记农民、淡漠农村。让城乡在统筹发展、协调发展和一体化发展的基础上融合发展,让乡村共享城市发展的成果,让农民共享改革的实惠。这就要创新以工促农、以城带乡的体制机制,实现高强度、高频率的城乡相互作用,促使农村、农业和城市、工业有机结合,淡化城乡差别,实现城乡融合发展。城乡一体化的核心问题就是"两公"问题。所谓"两公"就是公共设施和公共服务。改革开放以来,随着国力的增强,财力的提升,乡村"两公"建设突飞猛进,发生了翻天覆地的变化。

　　十年树木，百年树人。百年大计，教育为本。八九亿农村人口的智力开发是头等大事。党的十一届三中全会后，为了农村教育适应农村脱贫致富工作的需要，成为全国教育改革与发展的重要组成部分。1985年《中华人民共和国义务教育法》规定，全国分三片地区推进普及九年义务教育。我国的义务教育并非一蹴而就，1956年颁布的《全国农业发展纲要（草案）》内规定："按照各地情况分别在5年内或者7年内普及小学义务教育。"1982年颁布的《中华人民共和国宪法》规定："国家举办各种学校，普及初等义务教育。"1986年，《中华人民共和国义务教育法》颁布，我国确认实施九年制义务教育。2006年，新修订的《中华人民共和国义务教育法》规定："实施义务教育，不收学费、杂费。"当年我国西部地区农村义务教育阶段中小学生全部免除学杂费，贫困家庭学生免除课本费和补助寄宿生生活费，西部地区和

　　① "希望工程"改善了贫困地区的办学条件，扶助了青少年弱势群体，为他们提供生活补助和医疗救助，使失学儿童重返校园。图为上海市捐资兴建的一所三峡库区希望小学。（中国专题图库 供图）
　　② 上海市闵行区旗忠村小学不但实行免费教育，而且每日还免费供应学生午餐。（中国专题图库 供图）

中部地区部分试点地区约 5200 万名中小学生免除了学杂费。2008 年秋天，在 16 个省区市和 5 个计划单列市进行试点后，全国所有城市免除义务教育学杂费。2011 年所有省（区、市）通过了国家"普九"验收，我国用 25 年全面普及了城乡免费义务教育。到 2012 年，全国近 1.3 亿农村学生享受了免除学杂费和免费使用教科书的政策，3000 多万寄宿生被免除了住宿费，中西部地区 1200 多万家庭经济困难寄宿生获得生活费补助，极大减轻了农民的教育负担。中国义务教育取得了巨大的成就，在全球 9 个发展中人口大国中，中国是第一个也是唯一一个实现九年义务教育的国家。

②

在中国特定的历史条件下，民办教师做出了重要贡献，尤其在基层乡村学校。在20世纪50年代我国中小学全部成为公办学校后，新中国的教师队伍里出现了一个特殊的群体——民办教师。他们经历着农田、旱土劳作和粉笔加黑板教学的"两栖"岁月，他们承受了生活贫困的艰难，却坦然用坚毅的双肩扛起了新中国农村基础教育的重担。他们由学校或当地基层组织提名，行政主管部门选择推荐，县级教育行政部门审查（包括文化考查批准，发给任用证书）。生活待遇上，除享受所在地同等劳动力工分报酬，1979年后享受"责任田"外，另由国家按月发给现金补贴。

据统计，1977年，全国民办教师人数多达491万。1979年10月，国务院决定将全国136个边境县的8万余名中小学民办教师转为公办教师，揭开了党和政府妥善解决民办教师问题的序幕。1994年的全国教育工作会议上，党中央、国务院明确提出，"争取到本世纪末基本解决民办教师问题"。解决民办教师问题从此有了历史性的转折。1997年，国务院办公厅发出《关于解决民办教师问题的通知》，各级人民政府也加大了解决民办教师问题的工作力度，使民办教师工作进入了一个新阶段，1999年至2000年，全国有25万民办教师转为公办教师，民办教师

① 福建省东峰镇现有村完小20所，在校学生4911人，教师254人；全镇普及九年义务教育，基本扫除青壮年文盲。这是当年的知青唐芸英，她下乡后当上了民办教师。（中国专题图库 供图）

② 1991年5月19日，地处大别山区的安徽省金寨县南溪镇，人们像过节一样为中国第一所希望小学剪彩。这些曾经因家庭贫困而失学的孩子，在这里重新走进了学校。（李连卉 摄）

逐渐退出讲台。存在近半个世纪的中国民办教师，如今早已走进历史。这个在特殊历史背景下产生的特殊群体，无疑对中国农村基础教育做出了巨大贡献。没有民办教师，中国的文盲要多好几亿。

面对教育经费不足的现实，1989 年建立"希望工程"，向城市居民和海外筹集资金。全国第一所希望小学是安徽省金寨县希望小学，由徐向前元帅亲笔题写"金寨县希望

小学"校名，全国"希望工程"由此开端。到 1996 年年初，"希望工程"筹集近 7 亿元，帮助了近 125 万名孩子解决了学费的问题。"希望工程"的具体目标由当初的帮助因无力支付学费而辍学的农村孩子，逐渐转向对校舍的建设。到 2014 年，"希望工程"已累计募款逾百亿元，先后建起 18396 所希望小学，资助贫寒学子 495 万名。1991 年，一张主题为"我要上学"的照片曾引发外界对于农村失学

①

儿童的关注。时年 8 岁的安徽金寨女孩苏明娟手握铅笔头、两只大眼睛直视前方，充满求知的渴望，很快被国内各大报纸杂志争相转载，由此，"大眼睛女孩"成为"中国希望"工程的宣传标志。在"希望工程"的帮助下，2005 年苏明娟考入安徽大学，毕业后进入银行系统工作。吃水不忘挖井人，参加工作后，她将人生中的第一笔工资捐给了"希望工程"，之后每年定期捐款，从未间断。十多年来，"希望工程"成了一个细水长流的爱心行动。为了千千万万个像"大眼睛"一样渴求知识的孩子，中国人的爱心汇聚到了一起，汇聚成中国的"希望"之河。

广西融水苗族自治县大山深处的白云乡有一处瑶族支系聚居区，被称为"红瑶"。1988 年，有关部门在调查时发现，红瑶妇女自中华人民共和国成立后竟没有出过一个小学毕业生。受"狗不耕田，女不读书"传统观念的影响，学校和教室成为一代代红瑶女童梦中才能走进的殿堂。当年 9 月，县妇联等单位千方百计筹资，深入红瑶农家，苦口婆心

① 当年，大眼睛女孩渴望求知的神态震撼了无数人的心灵，从此，"大眼睛"成了"希望工程"的形象标志。如今，大眼睛女孩苏明娟已成银行白领，2017 年当选为共青团安徽省委副书记（兼职）。（马启兵 摄）
② "希望工程"实施后，得到了社会各界的广泛响应。"希望工程"的实施使一些少数民族地区的女童和贫困学生，重新回到了学校。（李连井 摄）

②

地劝说红瑶同胞，使43名女童得以上学，并就此创办了全国第一个女童班。我国幅员广阔，人口众多，自然条件差异大，地域经济发展极不平衡，传统观念又根深蒂固。20世纪80年代末期，我国每年约有200万适龄儿童失学，其中三分之二是女童。面对这种严峻现实，在全国妇联的倡导下，中国儿童少年基金会于1989年设立了"女童升学助学金"专项基金。1992年，这一专项基金正式定名为"春蕾计划"，其目标是让所有失学、辍学女童重返校园，最大限度为女童谋福祉。"春蕾计划"从一个普通的助学公益项目逐步发展成著名的公益品牌，离不开社会各界的关注和支持。1992年，来自香港的周洁冰率先为"春蕾计划"捐款100万元。此后，"春蕾计划"收到的捐款从来没有中断过，从党和国家领导人、企事业单位，到明星、国际友人、港澳台同胞。截至目前，"春蕾计划"已资助女童357万人次，捐建春蕾学校1732所，对52.6万人次女童进行实用技术培训。"春蕾计划"潜移默化地

85

促进着传统社会观念的转变，确保了女童在受教育起点上的公平性，为推动男女平等发挥了积极作用。

1994年初秋，一位不愿透露姓名、曾经在河北省山区下乡当知青并当过代课教师的旅美知识分子，在回国故地重游时看到中国改革开放十多年后，贫困地区的生活及教学条件仍然相当恶劣，百感交集，特地拿出自己省吃俭用攒下的3000多美金（相当于人民币3万元），和他在国内的老朋友——国家科委某研究中心的武教授，发起成立一个专门援助全国200多万农村贫困教师的民间教育基金。当时两人商定——都说教师是蜡烛，燃尽自己照亮别人，就把这个基金命名为"烛光工程"，这3万元便是烛光工程的第一笔捐款。不久，这笔款捐助了河北省三个国家级贫困县的120名农村贫困教师。1995年3月，三十几位热心的社会人士，出于对教育事业的关注，出于对农村基础教育状况的忧虑，出于对农村贫困教师处境的同情与了解，出于对农村贫困教师奉献敬业的敬意，接过"烛光工程"的旗帜，各尽所能，奔走呼吁，自己筹钱拍摄了一个电视纪录片——《拨亮烛光》，真实地反映了贫困地区农村贫困教师的生活工作状况，在北京电视台播出后引起很大反响。人们对中国农村贫困教师这一默默奉献的特殊群体有了更多的关注。1998年4月，"烛光工程"交由中华慈善总会面向全社会正式启动。中华慈善总会设立"烛光工程"专项基金，邀请社会知名人士程思远、雷洁琼，教育部部长陈至立等出任"烛光工程"名誉理事长，国家总督学柳斌任理事长，并成立"烛光工程"办公室。由此，该项目进入一个规范运作的新阶段。借助著名导演张艺谋影片《一个都不能少》的发行放映，更多的人开始了解"烛光工程"，关注农村贫困教师。自1998年12月至2007年9月，"烛光工程"捐助了山西、河北两省的国家级贫困县的510名贫困农村教师。

智力与体力是一个人能力的基础条件，而强健的体魄来自于健康的保障。改革开放之初，农村合作医疗制度失去原有的政策支持，举办合作医疗的生产队比例一路下滑。而生产队解散，更使其失去了集体经济的依托，合作医疗基金无人筹集，赤脚医生报酬无法解决，人、财无着，难以为继。为挽救合作医疗的命运，1979年年底，卫生部、农业部、财政部等部门联合颁布《农村合作医疗章程（试行草案）》，要求各地加强领导，努力办好，尽快恢复到1977年的水平。不过，时代所限，合作医疗进展不大。

1965年6月26日，卫生部部长钱信忠向毛泽东汇报工作，当时，中国有140多万名卫生技术人员，高级医务人员只有10%在农村。这组数字让毛泽东震怒了："卫生部不是人民的卫生部，改成城市卫生部或老爷卫生部，或城市老爷卫生部好了。""培养一大批'农村也养得起'的医生。"随后，经短暂培训，农村稍有文化的赤脚医生如雨后春笋般成长起来，主要来源于三类人：乡村医学世家、略懂医术病理的高中生以及上山下乡的知识青年。1968年夏天，上海《文汇报》刊文，介绍了上海川沙县江镇公社卫生员王桂珍、上海浦东新区卫校退休教师黄钰祥全心全意为农民服务的事迹。从此，赤脚医生成为半农半医乡村医生的特定称谓，王桂珍则被看作赤脚医生第一人。"治疗靠银针，药物山里寻"，是当时农民形容赤脚医生工作情况的一个顺口溜。1969年，以黄钰祥为主编写的《"赤脚医生"培训教材（供南方地区培训参考使用）》出版。第一版印50万册，被一抢而空，后来数次加印，最后印了118万册。1970年，由上海中医学院、浙江中

① 医疗队既为社员治病，又通过医疗实践培养"赤脚医生"（左二）、卫生员、接生员和其他医疗卫生人员。从1971年到1975年，培训"赤脚医生"达5000多名。（中国专题图库 供图）

② 1976年，上海川沙县江镇人民公社的一名"赤脚医生"在宣传妇幼保健知识。"他们经常赤脚下田劳动，又全心全意地为贫下中农防病治病。贫下中农便亲切地称他们是'赤脚医生'。"（人民画报资料室 组稿）

医学院等集体编著的《"赤脚医生"手册》由"上海市出版革命组"出版。这本深紫色塑料皮封面的手册，立刻成为风靡全国的畅销书，各地的赤脚医生几乎人手一册。在长达30年岁月里，《"赤脚医生"手册》不仅为解决几亿人的医疗问题立下了汗马功劳，也一直是中国人的全民健康指导手册，它的发行量仅次于《毛泽东选集》。1974年6月26日，我国邮电部发行了《赤脚医生》邮票一套4枚，邮票设计采用农村通俗画的形式，体现了乡村医疗卫生人员全心全意为农民服务的热心。导演谢晋于1975年拍摄了电影《春苗》，讲述了一个女"赤脚医生"为农民服务的故事。影片真实地反映出了那个年代农村"赤脚医生"全心全意为人民服务的故事。到1977年年底，全国有85%的生产大队实行了合作医

① 为了当地群众的身体健康，乡里的"赤脚医生"会在疾病流行的时候，提前为群众普打预防针，有了这样的保障，当地再也没有了流行病。（中国专题图库 供图）
② 为了方便群众看病，乡里的"赤脚医生"们实行了巡诊制度，每隔一段时间，医生们就背起药箱巡诊在乡间地头。图为"赤脚医生"在田间为农民治疗的情景。（中国专题图库 供图）

疗，"赤脚医生"数量一度达到150多万名。1985年1月25日，《人民日报》发表《不再使用"赤脚医生"名称，巩固发展乡村医生队伍》一文，到此，"赤脚医生"的称呼逐渐消失。根据2004年1月1日起实行的《乡村医生从业管理条例》，乡村医生经过相应的注册及培训考试后，以正式的名义执照开业。"赤脚医生"的历史自此结束。在缺医少药的20世纪60年代至80年代，这群仅仅经过简单培训、没有编制的"赤脚医生"，凭着极其简陋的医药设施和走家串户的极大热情，担负起了数亿中国农民的基本医疗卫生保健事业。

进入21世纪以后，农村基本医疗和公共卫生建设取得了显著进步。2002年10月，中国明确提出各级政府要积极引导农民建立以大病统筹为主的新型农村合作医疗制度，中央财政对中西部地区除市辖区以外参加新型农村合作医疗的农民每人每年补助10元，地方财政

也按不低于 10 元的标准给予补助。由政府出资的新型合作医疗制度迅速走过了从试点到推广的过程，实现了全国 31 个省份全面覆盖，达到了有史以来的最高点，政府投资持续增加，这是我国政府历史上第一次为解决农民的基本医疗卫生问题进行的大规模投入。2006 年，中央和地方财政分别将补助标准提高到了 20 元，并扩大试点范围。2003—2006 年，中央财政为此投入 55 亿元。2016 年各级财政补助标准又提高到每人每年 420 元，新型农村合作医疗实现了农村居民全覆盖。同时，加强了农村公共卫生防疫体系建设，基本建成覆盖省市县三级疾病预防控制体系，实现了医疗服务、药品供应等方面的规范化运营，建

立了与新农合制度相互衔接、互为补充的医疗救助制度。2017 年国家卫生计生委会同财政部联合印发了《关于做好 2017 年新型农村合作医疗工作的通知》，提出 2017 年各级财政对新型农村合作医疗的人均补助标准在 2016 年的基础上再提高 30 元，达到 450 元，农民个人缴费标准在 2016 年的基础上提高 30 元，原则上全国平均达到 180 元左右，并将政策范围内门诊和住院费用报销比例分别稳定在 50% 和 75% 左右，逐步缩小政策报销比和实际报销比之间的差距。积极推进对高血压、糖尿病、严重精神障碍等慢性疾病实施有别于普通门诊的慢性病补偿政策。2018 年 5 月，国家又宣布对 28 种进口抗癌药物实行

① 河南小浪底水库风景区全景图。（中国专题图库 供图）

零关税制度，这对广大癌症患者无疑是一大福音。

　　目前，安徽等一些地方正以县级为单位，探索农村医疗体制机制改革，实行域外医联体、域内医共体的办法，解决农民看病难、看病贵的问题，即对外引进优质医疗资源，对内建立县、乡、村三级医疗机构分工合作、各司其职、利益共享的新的运行模式，此举大见成效，深受农民欢迎。

　　水利是农业的命脉。古代中国农业面临的最大问题就是治水。五千年农业文明史就是一部一河一江的治水史。治水必须上下游、左右岸齐心合力，在地理上协作、在空间上联动，培养出协作精神，在协作中结成利益共同体。早在秦统一中国之前的几百年里，一些诸侯国就已经精心

设计了许多水利工程，在地方志中更是充满了这方面的记载。北方的黄河淤塞严重，经常泛滥并带来被称作"河殇"的巨大灾难；西南四川省人口密集的成都平原几乎所有的农业用水来自战国时代李冰父子所筑的都江堰，迄今仍惠及众生；在东南地区，则是需要精心控制灌溉用水的水稻种植。水资源的管理非常重要，一条河流、一条水渠流过的村庄形成了保护小农利益的群体，而不同的群体为了共享水利资源而又结成一个个超越村落范围的合作圈子。而基于国家对于水利设施的整体控制，又形成中央统一的国家大共同体。治水是如此重要，以至于有些学者把中国称为"水利社会"。而水之"利"来自于上下游、左右岸世

世代代持之以恒的地理大协作，小农户在治水问题上的结盟，是变水害为水利的关键。

从 20 世纪 60 年代开始，中国的农业开始走出了一条与西方不同的绿色革命之路，并在一些领域取得了超过西方的突破。中国特色的农业绿色革命的支柱之一就是遍布全国的高质量水利排灌系统。20 世纪 50 年代，中国就开始建设水利灌溉工程，冬季农闲时间，合作社动员村内劳动力从事农田水利工程建设。从合作社时期到 70 年代末，农村灌溉面积迅速增加。在 80 年代，家庭联产承包责任制的推广，对农田水利建设产生了一定的负面影响，灌溉面积不仅没有增加，甚至还略微有些减少。直到 90 年代，通过确定新的灌区组织形式，灌溉面积才继续扩大。

1990 年中共中央、国务院在《关于 1991 年农业和农村工作的通知》中要求坚持不懈地抓好农田水利建设，重申应坚持劳动积累工制度，强调将重点放在大江大河的治理和重点水利工程建设

① 响应毛主席伟大号召，愚公移山，改造中国。一定要把淮河治理好！（人民画报资料室 组稿）

② 1981 年 1 月 4 日，万里长江第一坝——葛洲坝实施大江截流成功。当天清晨，小城宜昌万人空巷，蜂拥赶至坝区，观看"腰斩长江，为民造福"的壮举。

葛洲坝水利枢纽工程从 1970 年年底开工，经过 18 个春秋的"移山倒海"始成。葛洲坝水利枢纽工程是一项综合利用长江水利资源的工程，具有发电、航运、泄洪、灌溉等综合效益。我国水利界权威魏廷峥曾表示，它是中国人千百年来治水史上摸的一块最大的"石头"。葛洲坝工程创造了几十项全国"第一"，每一个"第一"都蕴含着第一等的技术难题。（中国专题图库 供图）

上，有计划地建设一批防洪、蓄水、引水的大中型项目，提高抵御自然灾害的能力。2000年以后，我国取消了劳动积累工制度，在继续抓好长江、黄河等大江大河大湖治理的同时，发展节水灌溉和旱作农业。2008年中央1号文件提出要加大水利设施建设力度，当年全社会水利固定资产投资超过1000亿元。2011年的1号文件——《中共中央、国务院关于加快水利改革发展的决定》是中华人民共和国成立62年来中共中央首次系统部署水利改革发展全面工作的决定。文件提出：水是生命之源、生产之要、生态之基；水利是现代农业建设不可或缺的首要条件，是经济社会发展不可替代的基础支撑，是生态环境改善不可分割的保障系统，具有很强的公益性、基础性、战略性。加快水利改革发展，不仅事关农业农村发展，而且事关经济社会发展全局；不仅关系防洪安全、供水安全、粮食安全，而且关系经济安全、生态安全、国家安全。这是第一次在我们党的重要文件中全面深刻阐述水利在现代农业建设、经济社会发展和生态环境改善中的重要地位，第一次将水利提升到关系经济安全、生态安全、国家安全的战略高度，第一次鲜明地提出水利具有很强的公益性、基础性、战略性。这样的定位，是对我国基本国情和基本水情的准确把握，是对长期治水经验的提炼总结，是对水利发展阶段特征的科学判定，是我们党对水利认识的又一次重大飞跃，对统一全党思想、凝聚全社会治水兴水力量、加快水利发展与改革，起到巨大的推动作用并产生深远的历史影响。为了全面落实中央1号文件的部署，中央主要对包括农村水利、防洪重点薄弱环节、西南抗旱能力、重点水利工程以及水土保持生态建设和水生态保护等五项水利项目进行了投资，到了2015年，全国水利设施的投资达到了5452.2亿元。

小型农田水利设施主要是由农民和合作社来供给，大中

②

型的农田水利设施则由国家负责建设。为了解决我国北方地区，尤其是黄淮海流域的水资源短缺问题，国家实施了"南水北调"工程。东、中、西三条线路的建设有效地缓解了北方地区河流过度开发、地表水库和地下水过度使用的压力。农户自有自用的电机、水泵大大改善了我国水利灌溉的总体效果。20世纪50年代，打水要靠人力和畜力牵引。今天，在农村地区超过三分之二的灌区浇水都是通过农民自有的水泵来提水。在华北平原主要是使用打凿管井的方法来供水。华北平原地下有许多蓄水层，一直以来农民都无法使用这一丰富的水源，直到开发出能从地表30米以下、30米处提取淡水的潜水泵，这些水源才被大规模用于生产，构成了"北粮南运"的基础。

94

气候变化，使局部地区饮水困难；环境污染，使饮水安全又成了问题，饮用卫生、健康水成了社会关注的焦点。农村饮水工程开始于 2000 年 8 月，计划用 3 年稍长一些时间，基本解决中西部农村 2070 万人的特困饮水问题。供水水质达到《农村实施〈生活饮用水卫生标准〉准则》的要求，用水量最低标准按正常年份和 10 年一遇干旱的人均日用用水量划分，分别达到：南方地区，正常年份 35 升，干旱年份 20 升；北部地区，正常年份 20 升，干旱年份 12 升，水源保证率 90%。同时，中央安排专项资金用于补助中西部地区的农村人畜饮水工程建设，并要求地方政府将各种支农资金尽可能向农村饮水解困工程倾斜，集中使用。"十五"初期的工作重点是解决边远贫困地区农村居民为主的饮水困难问题。由于人畜饮水困难主要集中在中西部地区的老少边穷地区，实施难度较大，为了进一步推进饮水工程的建设，2001 年水利部又出台了《关于进一步做好农村人畜饮水解困工作的意见》，要求："地方各级政府必须充分认识这项工作的必要性、重要性和急迫性，把这项工作作为政府的一项重要职责，建立健全行政首长负责制，根据本地区饮水困难人口的数量和分布状况，结合国家投资计划和地方财力，分期分批拟定农村人畜饮水解困计划，把任务层层分解，落实到人，并公开向社会承诺。"

"十五"中后期，农村供水工作重点开始从解决饮水困难转向解决农村饮水安全。2003 年 3 月国务院常务会议原则通过了《2005—2006 年农村饮水安全应急工程规划》，计划两年内在全国进行 2120 万人的农村饮水安全工程建设。7 月胡锦涛总书记对农村饮水安全工作做出批示："无论有多大困难，都要想办法解决群众的饮水问题，

① 南水北调东线工程是在现有的江苏省江水北调工程、京杭运河航道工程和治淮工程的基础上，结合治淮计划兴建一些有关工程规划布置的。东线主体工程由输水工程、蓄水工程、供电工程三部分组成。（中国专题图库 供图）
② 医疗队员们除编写适合当地情况的通俗卫生读物外，还发动群众开展爱国卫生运动，帮助群众改建涝池、水井，对当地各种水源进行分析、化验，预防疾病。（中国专题图库 供图）

绝不能让群众再喝高氟水。"随后，国务院办公厅发出《关于加强饮用水安全保障工作的通知》，就一些农村地区饮用水由于苦咸或含有高氟、高砷及血吸虫病原体等原因，对人民群众身体健康构成严重威胁的问题，要求进一步加强饮用水安全保障工作。水利部和发改委再分别发布《关于加强村镇供水工程管理的意见》和《农村饮水安全工程项目建设管理办法》进一步加强农村饮水工程的建设。

通过各项措施，农村饮水困难问题得到了有效的解决。截至 2015 年年底，全国农村集中式供水人口受益比例从 2004 年年底的 38% 提高到 82.4% 以上，农村自来水普及率达 76%，供水保证程度和水质合格率均大幅提高，自农村饮水安全工程实施以来，全国共解决 5.2 亿农村居民和 4700 多万农村学校师生的饮水安全问题，加上原有的农村供水基础，我国农村饮水安全问题基本得到解决。

乡村面貌如何，农民将其概括为三句话：生活看住，生态看树，发展看路。要想富先修路是社会共识。新世纪以来是我国历史上农村公路发展最快、最好的时期，农村公路建设成为交通发展的突出亮点。2001 年 7 月，交通部公布的《公路水路交通"十五"发展计划》提出了到 2005 年，全国 99.5% 的乡镇和 93% 的行政村通公路的目标。2001 年 11 月，经国务院批准，确定两年之内集中力量实施西部地区通县沥青公路建设工程，为此，交通部又发布《西部地区通县公路建设实施意见》。为加强县际及农村公路改造工程管理，确保工程质量，按期完成建设任务，2003 年 5 月，交通部发出的 2003 年至 2005 年国家将实施《县际及农村公路改造工程实施意见的通知》提出"2003 年至 2005 年国家将实施县际及农村公路改造工程""用 3 年时间，国家集中支持东部地区乡到村、中

① 西藏"十五"期间解决了 58 万人饮水的问题。（格桑达瓦 摄）
② 丰收季节，农村公路方便了群众的生产。（人民画报社 组稿）

部地区县到乡、西部地区县际间公路改造为等级沥青（水泥）公路"。2014 年 3 月 4 日习近平总书记提出要建设四好农村路，"要求农村公路建设要因地制宜、以人为本，与优化村镇布局、农村经济发展和广大农民安全便捷出行相适应，要进一步把农村公路建好、管好、护好、运营好，逐步消除制约农村发展的交通瓶颈，为广大农民脱贫致富奔小康提供更好的保障"。2015 年 5 月 26 日，交通运输部印发《关于推进"四好农村路"建设的意见》（简称《意见》）。《意见》提出，到 2020 年，全国乡镇和建制村全部通硬化路，养护经费全部纳入财政预算，具备条件的建制村全部通客车，基本建成覆盖县、乡、村三级农村物流网络，实现"建好、管好、护好、运营好"农村公路的总目标。交通运输部将通过采取加强组织领导、夯实

工作责任、开展示范县创建活动、加强监督考核、加强资金保障等有效措施，确保到 2020 年实现乡镇和建制村通硬化路率达到 100%，县、乡道安全隐患治理率基本达到 100%，县、乡级农村公路管理机构设置率达到 100%，具备条件的建制村通客车比例达到 100% 等"四好农村路"建设目标。

经过不懈的努力，农村"出行难"问题得到有效解决，农村物流网络不断完善。"晴天一身土、雨天两脚泥"正成为历史，6 亿农民"出门硬化路、抬脚上客车"逐渐变为现实。2003—2012 年，全国新改建农村公路 292 万公里，"十二五"期间，我国新增约 5000 个建制村通公路，近 900 个乡镇和 8 万个建制村通硬化路，全国新改建农村公路超过 100 万公里，通车总里程约 395 万公里，基本

实现所有乡镇和东中部地区建制村通硬化路。

　　家中是否通电，供电是否满足用电需求，是考查人们生产生活质量最基本的指标。从1998 年开始，国家计划用 3 年左右的时间，理顺并建立符合我国农村经济发展水平的农电体制，完成农村电网的建设与改造，促进农村电气化发展。据此，"十五"期间中央加大了对水电农村电气化县建设的步伐，增强了农村电网改造的力度。2001 年 11 月，水利部在《关于"十五"建设 400 个水电农村电气化县的通知》中强调：继续坚持"谁建、谁管、谁收益"和"自建、自管、自用"的原则，继续实行小水电自有供电区、以电养电、6%增值税税率等政策措施。建设资金以地方和社会投入为主，中央适当补助。在执行 5 万千瓦以下（含 5 万千瓦）的农村水电项目继续实行"以电养电"政策的同时，贫困地区的小

水电项目可作为扶贫项目,列入国家扶贫资金支持的范围。关于农村电网改造,2002年6月,水利部下发了《关于继续做好水利系统农电"两改一同"价工作加快农网改造进度通知》,要求当年年底要全面完成农村电网的改造任务。

2004年以来的15份中央1号文件中,"农村电网改造升级"先后9次出现,2005年中央1号文件要求:"搞好农村电网改造工程的后续建设和经营管理。"这是新世纪以来,1号文件中首次明确提及农村电网改造工作。此后,在2006年、2008年、2010年、2013年和2015年,中央1号文件又分别对"农村电网升级改造"进行了部署。由此可见,农村电网升级改造已成为推动农村经济和社会发展的重要抓手。

经过农村电网改造不断地升级,电网结构大幅改善,电力供应能力明显提升,管

① 福建省泉州市永春县的这些小型水电站的特点是投资少、费时短、收效大。水轮机都是就地取材,用木头制成的,最大的水电站也不过几十匹马力。图为国营卿园水力发电站。（中国专题图库 供图）
② 为运送光伏电站建设物资,施工人员牵马穿行在环山绕岭的蜀道峡谷。（中国专题图库 供图）

理体制基本理顺，同网同价基本实现，彻底解决了无电人口用电问题。国家电网公司供区农村用户年均停电时间减少 18.8 小时；2015 年，南方电网公司农村供电可靠率达 99.8935％，农村居民端电压合格率为 97.449％。与 2010 年相比，全国农村供电可靠率达 99.9％ 以上，综合电压合格率达 98.8％ 以上。

口袋鼓了，脑袋也要聪明起来。改革开放以来，农村文化建设取得了长足发展。积极推广农村广播电视村村通、户户通工程，现在广播电视覆盖率已达 98％，农村群众在家里就能免费听广播、看电视；在"十二五"期间已实现乡乡设有文化站，全国有 4 万多个乡镇综合文化站，有 60 多万个农家书屋，各种乡镇文化站、村文化室和农家书屋大大活跃了农民群众的文化生活。农村电影放映工程，保证了农民每个月能免费看到一场电影；农村数字文化工程通过互联网将文化信息送到村一级。

新乡贤文化是乡村文化建设的一个重要内容。乡贤文化是中国古代士阶层文化在乡土社会的表现形式，古代皇权不下县，县以下依靠乡绅治理。费孝通在《乡土中国》中有一段话是：从基层看，中国社会是乡土性的，乡贤文化就是维系着庞大的中国社会正常运转几千年的一个基层力量。今天，退

① 四川省华蓥市天池镇仁和村的村民在村头的农家书屋"充电"。（中国专题图库 供图）

② 2013 年 3 月 10 日，四川省华蓥市 "父子电影队"的徐祖祥、徐强父子，挑着放映设备行走在油菜花盛开的乡间小路上，去为山区群众送欢乐。（中国专题图库 供图）

③ 江苏省张家港市永联村金碧辉煌的文化活动中心大厅。（中国专题图库 供图）

休干部职工、大学生村干部，城归农民工，接受优秀家风家教熏陶的世家大族、名门望族的后裔和新富贤能者等新乡贤正在掀起一场"新下乡运动"。他们虽然没有正式头衔，却是"魅力权威"，通过自己的人脉、政府资源以及经济实力，可以协调解决村里人的困难，带领和帮助村里人进一步提高生活质量，实现美好生活需要。中电集团总工程师刘满堂到山西基层去做第一书记，厅级领导当村干部，在当地的影响非同一般。如何在制度建设上适应新乡贤文化的发展需要，让有志于乡村振兴的有识之士、寄情于家乡发展的贤达之士下乡献智出力，结束农村人才单向道流入城市的历史，实现城乡人才资源的双向互动，是摆在我们面前的大课题。

③

101

调整激活

TIAOZHENG
JIHUO

　　2017 年中央 1 号文件以《中共中央、国务院关于深入推进农业供给侧结构性改革加快培育农业农村发展新动能的若干意见》为题，这是中央 1 号文件连续第 14 次聚焦"三农"，文件突出的政策亮点在于提出以深入推进农业供给侧结构性改革为农业农村工作主线。所谓供给侧结构性改革，用一句话概括，就是需求侧升级了，供给侧没有跟上，需求侧与供给侧的升级不对等，导致市场出现了产能过剩、库存积压的现象，解决的办法就是推动供给侧的结构升级。文件明确提出，农业供给侧结构性调整，重点在于调优产品结构，调好生产方式，调顺产业体系，激活市场、激活要素和激活主体。

调优产品结构，突出"优"字。消除无效供给，增加有效供给，减少低端供给，拓展中高端供给，突出"优质专用"大宗农产品和"特色优势"其他农产品的生产供给。文件提出要统筹调整粮经饲种植结构，发展规模高效养殖业，做大做强优势特色产业，优化农业区域布局，提升农产品质量和食品安全水平。调好生产方式，突出"绿"字。推行绿色生产方式，修复治理生态环境，既还历史旧账，也为后代留生存和发展空间。文件提出推进农业清洁生产、大规模实施农业节水工程、集中治理农业环境突出问题、加强重大生态工程建设等。调顺产业体系，突出"新"字。着力发展农村新产业新业态，促进三产深度融合，实现农业的全环节升级、全链条升值。文件提出大力发展乡村休闲旅游产业、推进农村电商发展、加快发展现代食品产业、培育宜居宜业特色村镇等。而改革的核心是理顺政府和市场的关系，实现"三大激活"。激活市场，深化粮食等重要农产品价格形成机制和收储制度改革、完善农业补贴制度等重要举措。激活要素，改革财政支农投入机制、加快农村金融创新、深化集体产权制度改革和探索建立农业农村发展用地保障机制等重大政策举措。激活主体，培育新型农业经营主体和服务主体、开发农村人力资源和吸引各类人才回乡、下乡创新等政策措施。

棉花的原产地是印度和阿拉伯。在棉花传入中国之前，中国只有可供充填枕褥的木棉，没有可以织布的棉花。宋朝以前，中国只有带丝旁的"绵"字，没有带木旁的"棉"字。"棉"字是从《宋书》起才开始出现的。可见棉花的传入，至迟在南北朝时期，但是多在边疆种植。棉花大量传入内地，当在宋末元初，关于棉花传入中国的记载是这么说的："宋元之间始传种于中国，关陕闽广首获其利，盖此物出外夷，闽广通海舶，关陕通西域故也。"

新疆有得天独厚的自然条件，土质呈碱性，夏季温差大，阳光充足，光合作用充分，生长时间长，连续20多年产量第一，奠定了新疆在国内棉花生产中不可撼动的地位，形成了"中国棉花看新疆"的格局。新疆棉以绒长、品质好、产量高著称于世，采用新疆棉37毫米以上的超长棉生产出的纯棉毛巾，质地柔软，手感舒适，色彩鲜艳，吸水性好，质量远优于其他普通棉纱毛巾。棉花产业在新疆经济和社会发展中占有举足轻重的地位，产值约占农业产值的一半。全疆50%以上的农户种植棉花，植棉收入占农民人均纯收入的35%左右。在南疆，更是有90%以上的县种植棉花，植棉收入是当地群众重要的收入来源。

近年来，新疆棉花行业出现种植成本偏高、产能过剩以及高品质棉花不足的状况。为了保护棉农的利益，2011—2013年国家在新疆实行了棉花临时收储政策。但也出现了如同玉米一样的"三量齐增"现象。在这项政策

执行期间，维持高位运作的棉花收储价格促进了新疆棉花生产，但也影响了当地粮食生产，资源向本已逐渐失去比较优势的棉花生产转移。巨大的国内外价差加大了棉花进口的压力；同时高价收购的棉花难以销售，棉花库存压力和国家财政负担加大。棉花临时收储政策对棉花下游产业产生了更大的负面影响，特别是国内纺织服装行业，在国际市场上的竞争力显著下降，不少产品的出口增速甚至出口总量开始下降，进而影响到劳动密集型的纺织服装行业的就业，影响到相关产业的农民非农就业和收入。

① 2007 年国家加大公路治理超限、超载的力度，使公路运输成本大幅提高，有近 30 万吨增产的棉花和原本通过公路运输的棉花要改为铁路运输来完成，打包后的彩色棉花将从这里装上火车，销往四面八方。（廖周炎 摄）

为接轨市场，国家从 2014 年开始取消临时棉花收储政策，启动棉花目标价格改革试点工作。目标价格政策的实施调整了棉花价格的走势，棉的市场定价机制基本形成，国内外棉花价差大幅缩小。2005—2010 年间，新疆棉花价格比同等质量进口棉花的到岸价格高 20% 左右，进口棉花完税（5% 关税 +13% 增值税）后同新疆棉花几乎没有价差。在 2011—2014 年执行棉花临时收储政策期间，棉花国内价格比进口价格高 40% ~ 50%。在 2014 年实行目标价格政策的一年内，国内外价差迅速回归到 20% 左右。一年时间，成效显著。纺织行业效益大幅提升，竞争力明显增强。棉花目标价格改革的成功，有效地降低了棉纺企业的用棉成本。2015 年全国纺织企业实现扭亏

为盈。其中 2014—2016 年，新疆纺织行业固定资产投资达到 900 亿元，3 年的投资超过了 1978 年至 2013 年的投资总额。2017 年上半年，全区纺织行业完成投资 243 亿元，比上年同期增长 48%。

我们早晨的豆浆、饭食必备的食用油、美味的豆腐，都离不开一个随处可见的农产品——大豆。大豆原产中国，中国各地均有栽培，世界各国栽培的大豆都是直接或间接由中国传播出去的。由于它的营养价值很高，被称为"豆中之王""田中之肉""绿色的牛乳"等，是数百种天然食物中最受营养学家推崇的食物。

自从加入 WTO 以来，我国大豆进口一直在快速增长，2017 年年进口大豆 9500 多万吨，占全球大豆出口量的三

① 新疆生产建设兵团农七师的军垦战士在收棉花。（李江树 摄）
② 2012 年 6 月 17 日，枣庄市山亭区农民在田间抢播玉米。（刘明祥 摄）

分之二,而我们自己只生产大豆1430万吨,所以中国市场需求的大豆,85%以上依赖于国际市场,这有两个主要的原因:大豆需求增长和国内生产资源与技术约束。从2014年开始,大豆、棉花、油菜籽和食糖一起被取消了临时收储政策。转而在东北与内蒙古实施大豆的目标价格政策,希望能同时实现农民增收和市场价格形成机制的"一箭双雕"的效果。但是,最终还是因为弊多利少,在实施3年后,国家于2017年取消了在东北与内蒙古实施的大豆目标价格政策,转而全面放开大豆的价格,随行就市。

通过大豆的价格改革,市场定价机制基本建立,国内外大豆差价缩小。临时收储政策造成国产大豆原料、成品油价格倒挂,大豆价格改革实施后,各市场主体间自由购销,大豆价格完全由市场供求形成,政府不干预市场价格,消除了临时收储对市场价格的人为扭曲。在临时收储政策下,企业和农户对政府有依赖感;实行价格改革后,在市场机制的作用下,市场主体从过去的"找政府"转为"找市场",初步形成企业、农户、政府共担风险的局面。

玉米原产于中南美洲,7000年前美洲印第安人已开始种植玉米。哥伦布发现新大陆后,把玉米带到西班牙,随着世界航海业的发展,玉米逐渐传到了世界各地,并成为最重要的粮食作物之一。大约在16世纪中期,中国开始引进玉米。玉米传入中国后,在中国各地的流传过程中逐渐有了玉蜀黍、苞米、棒子、玉茭、苞谷、珍珠米等俗称。玉米与中国传统旱地作物粟、黍、小麦等相比,不仅产量高,而且对环境有较强的适应性。所

107

以一经传入即被百姓接受，不但取代了粟等旱地作物的地位，迅速在全国扩展，而且改变了传统粮食作物的种植结构。玉米作为高产作物，它的传入不仅促进了近五百年中国人口增长与土地开垦，也带动了区域经济的发展。

过去，中国玉米在国际市场上还具有一些竞争力，中国从玉米净出口国转变为净进口国是在2010年之后。2008年启动临时收储政策后，玉米国内外市场价格倒挂，库存、生产和进口同时增长等供给侧结构性等问题突出。玉米市场干预政策也对玉米下游产业产生了巨大的冲击。玉米主要是用作饲料的，其价格上升必然会对畜牧业生产产生负面影响。生猪年底存栏头数在2014—2016年间年均下降了2.8%，猪肉产量在2015年和2016年也分别下降了3.3%和3.4%。高价玉米也冲击了玉米加工业，玉米深加工业曾经历了快速增长时期，但是前几年高企的玉

① 在长春市一家绿色生态园，玉米成了漂亮的庭院装饰品。（樊甲山 摄）
② 中国是一个农业大国，农业的稳定增长和农村产业结构的改善，是整个国民经济长期稳定发展的基础。图为山东省诸城市吕标乡提高土地利用率，利用玉米行间空地种植蘑菇。（中国专题图库 供图）

米价格抑制了其发展的水平。受国内玉米价格上涨影响，畜牧业比较优势显著下降，从而也出现了近年来畜产品出口下降而进口上升的局面。对玉米市场的干预还对许多玉米替代农产品产生了显著的负面影响。玉米国内外价差的扩大使玉米进口压力增大，但为了减缓国内玉米库存压力，国家限制玉米进口而导致了玉米替代品（如大麦、高粱、玉米干酒糟高蛋白饲料、木薯等）进口的剧增，影响了国内生产杂粮地区农民的生产。

2016 年，国家取消了玉米临时收储政策，实施"价补分离"政策。政府不再按保护价收购玉米，让价格随行就市；同时，政府给予生产者一定的补贴。玉米市场改革使玉米供需开始逐渐恢复平衡，转变了玉米生产过剩不断扩大的局面，促进了玉米下游产业对玉米需求的增长，市场供需严重不平衡的格局得到了显著改善。玉米回归市场价格，价格下降促进了畜牧业生产，改变了近年来畜产品进口显著上升的趋势。2016 年以来玉米加工业又出现了发展的势头。玉米价格下降也结束了过去几年高粱、大麦、玉米干酒糟高蛋白饲料和木薯等许多玉米替代产品进口急剧上升的局面，2016 年，这些农产品进口已开始迅速下降。

近些年，空气和水的污染严重损害了农村人口的健康、农民的生产效率和农业的收成。这些化肥、农药残留在土壤和地表水中，造成水土污染，种出来的农作物就无法保证质量，带来恶性循环。农业已超过工业成为我国最大的面源污染产业。密

②

109

集使用含硫化肥和农药是农村水污染的根由。低质量的化肥及硫化肥（相对于磷肥和钾肥）的过量使用，特别是廉价的碳酸氢铵（可快速溶解，容易被冲入溪流、湖泊和蓄水层）的普遍使用，恶化了农业水污染问题。农药的使用更为普遍，农药的使用已经使得一些鸟类绝迹，一些重要的水体受到污染。畜牧场的动物粪便是产生生物需氧量和大肠杆菌污染的主要根源。在农村地区，室内空气污染仍然是个严重的问题。还有大量的农村人口仍在使用未经改良的炉灶煤炭和柴火，因而在空气中产生出悬浮颗粒、硫黄、氮气、氯化物、一氧化碳和其他污染物。室内空气污染物导致许多呼吸道疾病的产生，呼吸道疾病已经成为农村人口死亡的第一病因。焚烧秸秆对环境造成了很大的污染，农民为争种植茬口，一火焚之。每年5月，一年一度的秸秆雾霾席卷华北地区，整个华北平原陷入一片混沌。火灾，交通事故，接连发生。政府为防焚烧秸秆，投入大量人力物力财力，围追堵截，干群矛盾极端对立。

2015年2月17日，农业部下发《到2020年农药使用量零增长行动方案》和《到2020年化肥使用量零增长行动方案》，方案提出到2020年，我国要初步建立资源节约型、环境友好型病虫害可持续治理技术体系和科学施肥管理、技术体系，科学用药水平和施肥水平要明显提升，单位防治面积农药使用量控制在近3年平均水平以下，力

争实现农药使用总量零增长。2015 年到 2019 年，逐步将化肥使用量年增长率控制在 1% 以内；力争到 2020 年，主要农作物化肥使用量实现零增长。经过不懈地努力，2017 年我国农药使用量已连续 3 年负增长，化肥使用量已实现零增长，提前 3 年实现化肥、农药使用量零增长的目标。

2006 年，"循环经济"首次被写入五年规划中。当年公布的"十一五"规划提出，发展循环经济，坚持开发节约并重、节约优先，按照减量化、再利用、资源化的原则，在资源开采、生产消耗、废物产生、消费等环节，逐步建立全社会的资源循环利用体系。为促进农业循环经济发展，国务院于 2013 年印发《循环经济发展战略及近期行动计划》，提出要确立一批循环经济典型示范工程、示范模式。各地区利用不同的气候条件、资源背景产生了一些好的经验、好的模式，并在这些典型的模式基础上，建立了不同区域的循环经济示范园区。黑龙江尾山农场，把 30 多万亩的玉米秸秆作为燃料，向 10 万平方米的小区集中供热供气，形成了秸秆转化为燃烧原料的模式，而其他地方学习这种模式时，又有了新方法，直接就地取材用秸秆烘玉米，减少了空气污染，还节省了大量煤炭。

采用绿色有机的、可持续的农耕方式在全世界范围内正得到普遍青睐，发展有机产业正是农业供给侧结构性改革的契合点。西方现代农业是以生产为中心的农业，它打破了这个内循环，注入了两个外力——农药化肥和机械，

① 贾悦镇是山东省诸城市农业社会化服务的典型。他们建立了农机、农技和林业、水利等功能齐全的技术服务中心。图为农机服务站在为农民承包的棉粮间作农田进行灭虫作业。（中国专题图库 供图）
② 银川（灵武）再生资源循环经济示范区规划占地总面积 1 万亩，概算总投资 52 亿元，实现年产值 150 亿元，利税 20 亿元。（中国专题图库 供图）

产量大增，效益大增。单纯的生产效益追求造成了诸多的弊端，蕾切尔·卡森的《寂静的春天》揭示了唯"利"是图的社会造成的严重后果：为了工农业发展而大量使用的化学物质，特别是人工合成农药的生产和使用，正在悄悄威胁人类的生命和环境。中国的传统农业因没有借助农药化肥和机械这两个外力，发展较慢，但是比较稳固并与自然和谐相处，具有绿色、生态、有机的特性。伴随着西方后发农业的弊端日益被社会诟病，中国传统农业的先发优势日益凸显，呈现勃勃生机，受到越来越多的重视。

河套平原有一个农民企业家，依托河套平原这一中国优质小麦基地，通过多年的试验，研制出一种面粉，2013年被欧盟认定为有机产品，同年被中南海选为国宴招待面粉。这种面粉的特点可以概括为"三用三不用"：不用地表水浇灌，他认为地表水都有污染，而是打深井用地下水灌溉。河套平原是自流灌溉，中国有三大灌区：河套、都江堰、安徽的淠史杭，不用黄河水而用地下水，因为地下水没有污染。不用农药化肥，

① 河套大地是一个古老的黄河灌区。千百年来，是黄河母亲的乳汁源源不断地滋养了河套的千里沃土。经过河套人几十年的建设，河套平原又焕发出了勃勃生机。这里凿渠引水，拥有水浇地万亩。（中国专题图库 供图）

豆麦轮作，以大豆根瘤菌做小麦肥料，且使用生物农药防治病虫。不用机械钢磨，他发明了一个石磨来磨面。机械钢磨每分钟500~800转，产生高温，使面粉的质量和品味受到影响，石磨就不存在这一问题，一分钟只转33转，磨出来的面粉质量有保证，所以他的面粉30~260元/公斤。

生猪产业在我国是关系国计民生的基础产业，在畜牧业中始终占据着主导地位。改革开放以来，我国生猪业取得了长足的发展，生猪存栏量从1980年的30543.1万头增加到2015年的45112.5万头，增长48%；出栏量从1980年的19860.7万头增加到2015年的70825.0万头，增长2.57倍；猪肉总产量从1980年的1134.1万吨增加到2015年的5486.5万吨，增长3.84倍。如今，中国是世界最大的生猪生产和猪肉消费大国，中国猪肉产量已经占全球的一半左右，生猪产业的发展关系农民增收、农村发展，在畜牧产业中地位突出。

但是，随着生猪产业的不断发展，生猪养殖与水环境保护的矛盾日益突出，尤其是在南方水网地区养殖密度越来越高，由于区域布局不尽合理，农牧结合不够紧密，对当地水资源造成了严重破坏。2015年，农业部发布的《关于促进南方水网地区生猪养殖布局调整优化的指导意见》提出，要对上海、浙江、江苏、广东、安徽、江西、山东、河南、湖北、湖南等地的生猪养殖业做出调整优化。2016年4月，农业部又出台了《全国生猪生产发展规划（2016-2020年）》，正式提出了生猪产业由南向北转移。

同时，2015年年底下调玉米临储收购价格，随后在2016年明确取消了在东北三省和内蒙古自治区实行了八年的玉米临时收储制度，按照"市场定价、价补分离"的原则，建立"市场化收购"加"补贴"的新机制。玉米托市政策的取消，导致玉米价格大幅下跌，生猪养殖的饲料成本下降，多年的玉米库存高企也面临着严重的去库存压力。充分考虑到生猪养殖业所遇到资源压力和玉米产区的政策调整，2017年中央1号文件提出"优化南方水网地区生猪养殖区域布局，引导产能向环境容量大的地区和玉米主产区转移"。

在加大环保治理的背景下，生猪主产区，特别是南方水网地区面临生猪产能调减的巨大压力。为此，不少大型农牧企业选择到生猪养殖适宜区投资布局新的养猪项目。2016年因环保整治而削减的生猪存栏为3600万头，2017年是禁养区关闭或搬迁的最后期限，各地政府加大治污、拆猪场力度，清退范围扩大，继续影响生猪供给。除了拆猪场直接削减存栏量外，环保带来的成本上涨也抬高了生猪养殖门槛。从区域分布看，养猪北上态势明显。根据《2016年农牧业上市公司投资活动回顾》，在按投资额占比排名前十的省（区、市）中，南北各有5个，但北方的内蒙古、河南、黑龙江、山东、河北的投资额占比合计达到59%，南方的安徽、湖南、广西、湖北、四川等的投资额占比合计只有27%。

在以往"三农"工作的基础上，2017年1号文件提出了一些新的政策举措，建设"三区""三园"是一个重要方面。"三区"就是粮食生产的功能区、重要农产品的保护区和特色农产品的优势区。它的建设将确保国家的粮食安全，保障重要的农产品能够基本自给，并满足市场多样化的需求，提高我国农业综合效益和竞争力。"三园"即现代农业产业园、科技园、创业园。建设现代农业产业园，目的是形成现代农业产业集群；建设科技园，目的是打造现代农业创新高地；建设创业园，是为各类人才在农村创新创业提供扶持和服务。未来5~10年，中国农业供给侧结构性改革将取得明显成效，粮食供给质量和效率显著提高，粮食生产功能区、重要农产品生产保护区、特色农产品优势区建设完成，食品安全保障水平不断提升。"三园"将形成现代农业产业集群，打造成现代农业的创新高

地，为回乡、下乡、返乡创业的人才提供创业创新的平台，成为资源聚集的推进器、产业价值的扩张器、新型业态的孵化器、区域发展的牵引器以及农民增收的助力器。

人们称发达的瑞士是"三无经济"。一是以手表、军刀为核心的无烟工业，二是以苏黎世金融业为核心的无本买卖，三是以发达的旅游业为核心的"无中生有"。旅游业的确是一项"无中生有"的新产业，尤其在交通通讯高度发达的今天，随着人们生活方式的改变，休闲时间的增多，收入的增加，以及城市病的加剧，以别出心裁的创意开发旅游业恰逢其时。

世界经济合作与发展组织对旅游观光农业的定义为："在乡村开展的旅游，田园风味是观光农业旅游的中心和独特的卖点。"我国的旅游观光农业最早始于20世纪70

②

年代的台湾，内地的旅游观光农业起步较晚，80年代后期，深圳举办了荔枝节，获得了空前的成功，90年代旅游观光农业得到高速发展，21世纪以来进入迅速发展时期。目前，旅游观光农业遍布大江南北，以及平原、山区、草原等各种类型地区，涵盖了种植业、养殖业、加工业以及农林牧副渔等各种农业的业态。据有关资料统计，2013年全国各类休闲农业经营主体已经超过180万家，年接待游客9亿多人次，营业收入2700亿元，带动2900多万农民受益。2017年，乡村旅游已超过25亿人次，增长势头迅猛。

旅游观光农业的核心是原汁原味的乡村文化，它以农村自然环境、农业生产活动、农民生活方式为旅游的吸引物，不光具有旅游、观光、休闲、养生等多重功能，还具有传统"耕读文化""天人合一"的哲学意蕴，结合传统民居如福建土楼、广东碉楼、浙江诸葛八卦村、安徽宏村和西递、湖南张谷英村等乡村物质文化遗产，以及剪纸、泥塑、木雕、乐器、演奏等非物质文化遗产，共同组成了极具美学价值和灵性的乡间大美图画。同时，乡村旅游借助农技、农艺、农谚、农事及风光介绍和民俗表演、风味餐饮等，完成向高端旅游的转变。西安兵马俑附近的村子

① 贵州盘州娘娘山温泉度假小镇。几年前还是边远贫困区的娘娘山区，随着温泉度假小镇、天鹅湖湿地公园等的相继建成，正逐步发展成为"三变"＋特色农业＋山地旅游＋特色城镇的热门旅游目的地。（中国专题图库 供图）
② 安徽省黄山市黟县宏村。（陈爽 摄）

一度掀起英语热就是明证。

中国有"药补食疗、药食同源"的传统理念，从这个意义上说，它又可称得上是"生命工程"。在中国很难找到一样菜肴不是以生活在许多世纪以前某位圣贤的食谱为根据的，而圣贤在设计食谱时经常会想到它的药用价值。食品行业是为舌尖发掘美味的行业，也是从舌尖发掘财富的行业，中国人的餐桌上就有超 10 万亿产值的大市场，在餐桌这个商业帝国里，可谓商机无限。餐桌革命引起的农业品牌革命正在发生转折性突变，谁能"大梦谁先觉，平生我自知"，谁就能在这场历史性变革中一马绝尘，独领风骚。

中国农产品消费世界第一，农产品品牌世界第一，每一个品类都能成长出一个世界级的大企业。20 多年前，中国牛奶市场没有品牌，食用油也没有品牌，今天家家都知道金龙鱼、鲁花、福临门，伊利、蒙牛、光明，已统领中国牛奶市场，伊利年销售突破 400 亿元。康师傅方便面把顶新企业从濒于倒闭做到购买台湾 101 大楼。沙县是一个仅 25 万人口的山区小县，小吃从无到有，已发展到 6 万人从业，年收入约达 70 亿元。"兰州拉面"在全国开店 3 万多家，并在海外开了 110 家分店。江苏灌云县开

发豆青虫产业，已研发出上百种产品，一斤青虫最高价卖到82元，一盘虫菜最高卖到上千元，该县年销售青虫上万吨。餐桌革命引起的农业品牌革命正在发生转折性突变，如何发掘中国这个"世界第一美食王国"的美食资源，让它火遍世界，是农产品业界的历史使命，这是民族的嘱托。

我国有家庭农场、专业大户、农民合作社、社会化服务组织、龙头企业、传统小农户六大农业经营主体，这六大主体构成了中央提出的构建新型农业经营体系。

传统小农经济主要以家庭为单位从事生产和消费，自给自足，比较富裕的家庭甚至有一条规矩：家庭成员不应吃或穿他们不生产的东西。与此同时，小农经济又保持着小农业与家庭副业相结合、自给性生产与商品性生产相结合的特点。在这种"两条腿走路"的经济模式下表现出典型的生态型农业文化的特征，形成特殊的循环农业模式，并用较少的土地养活较多的人口，具有极高的经济效率和强韧的竞争力，它甚至战胜了城镇化手工业模式以及雇工经营的大农场。

农业生产是自然再生产与经济再生产相交织的过程，其经营对象的周期性和经营过程的复杂特性都决定了只有利益高度相关的家庭成员才能同心同德，充分发挥成员能动性，做好农业生产。

① 重庆市人民政府十分重视推广十大生态农业技术与模式，已新建240个无公害农产品、绿色食品和有机食品基地。这是重庆中梁山附近的生态农业示范园区。（武斌 摄）
② 兰州牛肉拉面技术，堪称中国一绝。外国友人说，这是中国的奇迹。现在，兰州拉面已成为兰州小吃的主要代表，无论在何处，您都能品尝到正宗的清汤牛肉拉面。（中国专题图库 供图）

无数历史和国际经验证明，家庭经营是农业生产经营的最佳方式。历史上，在人类各种社会制度下，农业家庭经营始终是农业生产的基础，原始社会的族群，奴隶社会的奴隶主，封建社会的地主，资本主义社会的家庭农场，无不以家庭为主体。纵观当今世界，各国包括发达国家农业基本都是以家庭经营为主体。坚持家庭经营为主体的农业生产经营方式是历史的必然，是大势所趋，是各时期、各国经验的总结，也是中国农业生产顺利开展的唯一正确选择。

我国的经验已经证明"公社＋社员"这种政府种地的模式已经失败，而"公司＋农户"是公司在种地，同样种不好，只有"农户＋农户"才是中国农业发展的最佳选择。发达国家普遍采用农民合作组织来实现农户和市场的对接。西欧国家，合作社生产的农产品占到市场销售总额的 60%，丹麦的奶制品中 90% 由合作社生产，美国谷物合作社控制了 60% 的国内市场份额和 40% 的出口份额。由农民合作社自己创办产业的上下游实体，直接与消费者进行联结，有效减少中间环节费用，并把这部分由减少费用转变来的利润合理分摊到生产者和消费者两个环节，使生产者和消费者双方受益。比如，养殖合作社自己创办饲料加工企业和肉制品、奶制品加工企业等；经济实力较强的农民合作社在城市社区建立直销店直接销售农副产品等。

以往农民从种到收，所有的事情都会自己做，现代农业产前、产中、产后的各类服务都有专业组织来做。这种外包作业是扩大农业经营规模的重要形式，也大大提高了机械设备的使用率，具有显著的规模经济效应。引入社会化服务的另外一个重要作用就是使得农业劳动变得轻型化。自 20 世纪 80 年代末以来，那些年富力强、文化素质稍高的农民都会选择进城谋求发展，数量庞大的农村青壮年拥入城市，农村劳动力日益呈现出老龄化和女性化倾向。老龄化和女性化其实并没有给我们的农业生产带来太大负面影响，其中的秘密就在于社会化服务的引入。社会化服务，像耕种和收割等，往往是节约劳动的技术设备，重活累活全由机器来做，留守的老人、小孩和妇女管理一亩三分地绰绰有余。也正因为这一原因，在农村劳动力大量外流的情况下，我们的粮食产量还能够保持"十二连增"。这些年，社会化服务的成功范例就是农机跨区作业。每年"三夏"，全国大约 50 万台农民自购的联合收割机便自发地南下北上跨区作业，解决了全国 80% 以上的机械化收割问题。

近些年，各地又创造了土地托管这种新的经营模式。农民可以进城打工，由当地一些给农业提供社会化服务的组织来帮农民种地，农民付成本，托管组织只按照农民的要求搞服务，收获的粮食和农产品还是归农民所有。土地托管通过签订合同的方式明确双方的责任和风险，把农民和作业承担者之间的关系固定下来，更好地发挥了作业承担者的企业家才能，提高了经营效率，并分散了风险。

2016 年被称为人工智能元年，阿尔法狗横空出世，一声划时代的"狗叫"，有可能颠覆人类主宰世界的现实。目前，阿尔法狗已经被应用到人类生活的各个领域，像防火、看病，农业上的病虫害测报、天气预报、无人机植保、

① 2011 年 7 月 26 日，四川省华蓥市阳和镇新农葡萄园的果农在包装刚采摘的品牌农产品"华蓥山葡萄"。（中国专题图库 供图）

播种等，尤其在计算、检索、记录、下棋、记忆等方面，阿尔法狗已经大大超越人类。

药物喷洒是农用无人机最为广泛的应用，与传统植保作业相比，植保无人机具有精准作业、高效环保、智能化、操作简单等特点，为农户节省大型机械和大量人力的成本，全国各地不少地区都已使用植保无人机进行药物作业，受到了人们的肯定。无人机播种也是重头戏，海南农民的无人机播种已达到世界先进水平。美国无人机播种已被广泛应用于林业，人工播种一天的工作量，无人机一小时即可完成。

据不完全统计，全国仍有5800万套肩背式的打药喷雾器在使用，占了施药领域的绝大部分，还有一小部分是地面机械施药装备。农药的浪费和不可控的污染，容易导致打药人慢性中毒，也容易导致农产品中农残留超标等问题，农民迫切需要更为精准高效的打药手段。新一代的植保无人机，成了田间地头的"科技明星"。大疆于2016年11月27日宣布正式推出旗下首款用于农业领域的无人机产品——MG-1农业植保机，每小时作业量可达40~60亩，作业效率是人工喷洒的40倍以上。

调优产品结构，调绿生产方式，调顺生产关系；激活市场，激活要素，激活主体，农业供给侧结构性改革必将在调整激活中实现目标。

① 由黑龙江省农业机械研究所与宝清县喷灌机厂等单位联合设计的400
米平行移动式喷灌机，已经研制成功，为解决土壤大面积的灌溉创造了
条件。（中国专题图库 供图）

脱贫攻坚

TUOPIN
GONGJIAN

消除贫困，建立一个没有贫困的世界，已经成为当代人类社会最重要、最紧迫的全球治理行动之一。1945年联合国成立之后，减少贫困就成为联合国的重要使命。在20世纪后半叶，联合国通过实施四个"发展十年计划"，出台了一系列措施，在全球范围内为发展较慢国家提供帮助。2000年9月，联合国第一次全球首脑会议，明确到2015年要把世界极端贫困人口和饥饿人口减少一半，这就是联合国千年发展目标。根据联合国测算，1990年全球贫困人口为19亿人，到2015年，减少到8.4亿人，减少了55%左右，基本完成千年发展目标，这期间，中国对世界减贫的贡献达到70%以上。2015年，习近平主席在联合国参加全球峰会，通过了2030年可持续发展议程，包括17个可持续发展目标和169个具体指标，第一个指标就是到2030年全面消除极端贫困。中国政府提出到2020年全面消除绝对贫困人口，一个都不掉队，比联合国提出的这一目标提前10年。

为政之要，首在足食。在中华民族几千年的发展历程中，无论是长期战乱，还是中兴盛世，饥饿和灾荒如同一对孪生子，始终是煌煌史籍中的阴影，吃饱穿暖始终是劳动人民梦寐以求的梦想。经过改革开放 40 年的努力奋斗，我们不仅彻底解决了全体人民的吃饭问题，而且正带领人民向全面小康社会迈进。

1949 年的新中国，百废待兴，是当时世界上最贫穷的国家之一。根据联合国"亚洲及太平洋经济社会委员会"的统计，1949 年，中国人均国民收入 27 美元，不足整个亚洲平均 44 美元的三分之二，不足印度 57 美元的一半。中华人民共和国成立后，在党的领导下，国家实行土地改革，实现了耕者有其田；进行社会主义改造，为从根本上消除贫困奠定了制度基础；逐步建立起独立的比较完整的工业体系和国民经济体系，为加快发展提供了必要的物质基础；建立了初级的农村社会保障和教育、卫生体系，人民生活也有了明显改善。但是人民公社时期存在的"一大二公"、平均主义等体制性弊端，挫伤了农民发展生产的积极性，妨碍了农村经济的健康发展。直到 1978 年，仍有2.5亿农村人口处于达不到温饱的贫困状态。

① 联合国粮援组织开展扶贫攻坚工作，贫困地区的经济得到了较快发展，未解决温饱的贫困面大幅度缩小，群众生产生活条件有了较大改善。工作重点中就有湖南省花垣县。（中国专题图库 供图）
② 贵州省六盘水市水城县青林乡，65 岁的饲养员詹光仁。以前，这里的村民养鸡是为了"拿鸡蛋换点盐巴钱"。如今"凉都凤"土鸡终于飞出深山，成为农民增收致富的"金凤凰"。（中国专题图库 供图）
③ 西藏自治区南木林县艾玛乡拉布村的村民正在人工饲草基地收割牧草紫苜蓿。在植树造林的基础上，南木林县开始发展牧草产业，解决了牧区春季饲草的问题，也帮助当地贫困群众增收。（中国专题图库 供图）

　　1978 年，党的十一届三中全会吹响了改革开放的号角，农村建立起以家庭承包经营为基础的双层经营体制，放开农产品价格和市场，乡镇企业快速发展，大大解放和发展了生产力，农村青壮年在乡镇企业工作或进城务工，增加了收入，贫困问题大面积缓解。1982 年国务院制定"三西"专项扶贫计划，进行扶贫开发试点，开启了大规模扶贫开发的滥觞。

　　1986 年，有计划、有组织、大规模的扶贫开发行动扬帆起航。国家成立专门的组织机构，当时叫国务院贫困地区经济开发领导小组，1993 年改为国务院扶贫开发领导小组，下设办公室，沿用至今。省市县各级也都成立了相应机构，确定了工作范围，划定了 18 片集中连片的贫困地区，在此基础上划定 331 个国家级贫困县和 300 多个省级贫困县；第一次提出国家扶贫标准 206 元，对应的贫困人口 1.25

①

亿；安排专项扶贫资金，制定了有利于贫困地区和贫困人口的优惠政策；明确提出开发式扶贫方针。

1994 年，国家制定并颁布实施《国家八七扶贫攻坚计划 (1994—2000 年)》，提出力争用 7 年左右的时间，基本解决 8000 万农村贫困人口的温饱问题。到 2000 年年底，农村绝对贫困人口减少到 3209 万，年均减少 613 万，八七扶贫攻坚目标基本实现。2001 年，国务院颁布实施《中国农村扶贫开发纲要 (2001—2010 年)》，扶贫标准提高到 865 元。期间，贫困县进行了第二次调整，东部地区不再设贫困县，西藏全部县均享受贫困县待遇。调整后全国贫困县数量仍为 592 个，更名为国家扶贫开发工作重点县。

2002 年，党的十六大胜利召开，中央做出统筹城乡经济社会发展这一重大命题，扶贫开发由职能部门专项扶贫为主转向职能部门专项扶贫与涉农部门行业扶贫并进时代，全面落实科学发展观、统筹城乡发展，国家实行以工促农、以城带乡的方针，对农村全面实施反哺政策。2007 年，党中央、国务院决定，在全国农村建立最低生活保障制度。2008年10月，党的十七届三中全会通过的《中共中央关于推进农村改革发展若干重大问题的决定》明确提出，"实行新的扶贫标准，对低收入人口全面实施扶贫政策"。新标准提高到人均1196元，扶贫对象覆盖4007万人。到2010年年底，这个标准下的贫困人口减少到2688万人。

2011年，中央颁发《中国农村扶贫开发纲要(2011—2020年)》(简称《纲要》)，这是中国历史上第二个十年扶贫开发纲要。扶贫标准提高到2300元。同时，确定14个集中连片特困地区，覆盖680个片区县，对原592个国家扶贫开发工作重点县进行第三次调整，总数不变。680个片区县和592个重点县，扣除交叉重合的440个县后，共有832个贫困县。《纲要》对新阶段扶贫开发工作做出了全面部署。明确到2020年，深入推进扶贫开发的总体目标：稳定实现扶贫对象不愁吃、不愁穿，保障其义务教育、基本医疗和住房。贫困地区农民人均纯收入增长幅度高于全国平均水平，基本公共服务主要领域指标接近全国平均水平，扭转发展差距扩大趋势。要坚持开

②

① 贵州省安顺市西秀区的易地搬迁房，一楼为商铺，楼上是住宅。随着安顺市蔡官镇区域内易地扶贫搬迁的启动，居住在深山区、石山区、高寒山区的贫困群众搬出大山，走向城镇、工业园区，开始新的生活。（中国专题图库 供图）
② 贵州省安顺市西秀区精准扶贫云，对接西秀区"菜单式"精准扶贫的大数据扶贫。（中国专题图库 供图）

发式扶贫方针，同时实行扶贫开发和农村最低生活保障制度有效衔接，把扶贫开发作为脱贫致富的主要途径，把社会保障作为解决温饱问题的基本手段。坚持统筹城乡发展，坚持扶贫开发与推进城镇化、建设社会主义新农村相结合，与生态环境保护相结合，促进经济社会发展与人口资源环境相协调。坚持政府主导、分级负责，坚持突出重点、分类指导，坚持全社会参与、合力推进，坚持尊重扶贫对象主体地位、激发贫困地区内在活力。

2011年11月29日，中央扶贫开发工作会议召开。这次中央扶贫开发工作会议是在"十二五"时期顺利开局、全面建设小康社会进入关键时期召开的一次重要会议。会议全面总结我国扶贫开发工作取得的成就和经验，分析当

128

前和今后一个时期扶贫开发形势和任务，全面部署《中国农村扶贫开发纲要（2011—2020年）》贯彻落实工作，动员全党全社会力量，坚决打好新一轮扶贫开发攻坚战。会议强调，扶贫开发是一项长期而重大的任务，是一项崇高而伟大的事业。会议要求，全党全社会要深刻认识扶贫开发工作的重要性和紧迫性，增强做好扶贫开发工作的自觉性和坚定性，以更大的决心、更强的力度、更有效的举措，扎扎实实做好扶贫开发各项工作，确保到2020年全国实现全面建设小康社会目标。

中国共产党的初心和使命就是为国家谋利益，为人民谋幸福。扶贫开发最能体现党的初心和使命。党的十八大以来，以习近平同志为核心的党中央把扶贫开发摆到治国理政突出位置，举全党全国全社会之力，全面打响脱贫攻坚战。扶贫开发翻开崭新的一页，中华民族迎来了历史性的跨越和巨变。

历史常常在开启时就昭示了方向。习近平总书记始终高度重视脱贫攻坚，亲力亲为抓扶贫工作。这源于他40多年来从农村到县、市、省、中央的工作过程中始终牵挂贫困群众的扶贫情结，源于他全面建成小康社会、实现中华民族伟大复兴的使命担当。

2015年10月17日是第二个中国国家

① 陕西省安康市城关镇青中村自2017年1月份开始道路修建，9月份完工。路修好了，脱贫的步子也就更快了。（中国专题图库 供图）
② 2013年，贵州省六盘水市六枝特区落别乡在牛角村投资2500万元，建成浪哨文化创意园，传播布依族传统文化的同时，通过旅游产业实现当地脱贫致富。（中国专题图库 供图）

①

扶贫日，也是第 23 个国际消除贫困日。中国国家主席习近平出席减贫与发展高层论坛并发表题为《携手消除贫困　促进共同发展》的主旨演讲。习近平强调，消除贫困是人类的共同使命。中国在致力于自身消除贫困的同时，始终积极展开南南合作，支持和帮助广大发展中国家特别是最不发达国家消除贫困。中国积极向亚洲、非洲、拉丁美洲和加勒比地区、大洋洲的 69 个国家提供医疗援助，先后为 120 多个发展中国家落实千年发展目标提供帮助。对此习近平提出倡议，着力加快全球减贫进程，着力加强减贫发展合作，着力实现多元自主可持续发展，着力改善国际发展环境，为共建一个没有贫困、共同发展的人类命运共同体而不懈奋斗。

2015 年 10 月 26 日至 29 日，中国共产党第十八届中央委员会第五次全体会议在北京举行。全会审议通过了《中共中央关于制定国民经济和社会发展第十三个五年规划的建议》。在这次全会上，中央将扶贫攻坚改成脱贫攻坚。从"扶贫"到"脱贫"，一字之变，凸显中央打赢脱贫攻坚战的坚强决心，释放出向贫困发起总攻的强烈信号。

之后的 2015 年 11 月 27 日至 28 日，中央扶贫开发工作会议在北京召开，这是党的十八届五中全会后召开的第一个中央工作会议。会议强调，消除贫困、改善民生、逐步实现共同富裕，是社会主义的本质要求，是我们党的重要使命。全面建成小康社会，是我们对全国人民的庄严承诺。脱贫攻坚战的冲锋号已经吹响。我们要立下愚公移山志，咬定目标、苦干实干，坚决打赢脱贫攻坚战，确保到 2020 年所有贫困地区和贫困人口一道迈入全面小康社会。会上，中西部 22 个省区

① 安徽省金寨县花石乡大湾村茶产业的发展助村民脱贫致富。（高斌 摄）
② 坚决打赢"脱贫攻坚"战，百姓心中有希望。（高斌 摄）

市的党政主要负责同志向党中央签署了脱贫攻坚责任书。在此基础上，省、市、县、乡、村层层签订脱贫攻坚责任书。2015年11月29日，《中共中央、国务院关于打赢脱贫攻坚战的决定》（简称《决定》）正式发布，成为指导脱贫攻坚的纲领性文件。《决定》提出了一系列实举措、硬政策，强调坚持党的领导，夯实组织基础；坚持政府主导，增强社会合力；坚持精准扶贫，提高扶贫成效；坚持保护生态，实现绿色发展；坚持群众主体，

激发内生动力；坚持因地制宜，创新体制机制。强调突出问题导向，创新扶贫开发路径，由"大水漫灌"向"精准滴灌"转变；创新扶贫资源使用方式，由多头分散向统筹集中转变；创新扶贫开发模式，由偏重"输血"向注重"造血"转变；创新扶贫考评体系，由侧重考核地区生产总值向主要考核脱贫成效转变。

党的十九大把脱贫攻坚摆到更加突出位置，作为全面建成小康社会必须打赢打好的三大攻坚

132

战之一，做出新的重大部署，提出新的明确要求。再次强调"让贫困人口和贫困地区同全国一道进入全面小康社会是我们党的庄严承诺"。在紧接着召开的中央经济工作会议、中央农村工作会议、全国"两会"等重大会议上，反复强调坚决打赢打好脱贫攻坚战。

脱贫攻坚是最大的政治和第一民生工程，各级领导亲自挂帅、亲自出征、亲自督战。在党中央、国务院指挥带领下，脱贫攻坚四梁八柱迅速搭建，全党动手、全社会动员、合力攻坚的局面迅速形成，种种"加强版""创新版"的脱贫攻坚方法不断推出，很多"老大难"问题有了针对性的解决方案。

脱贫攻坚责任体系全面建立。加强党对脱贫攻坚工作的全面领导，建立中央统筹、省负总责、市县抓落实的管理体制和各负其责、各司其职的责任体系。中西部22个省份党政主要负责同志向中央签署脱贫攻坚责任书，层层立下军令状。明确贫困县党委和政府脱贫攻坚主体责任，党政正职攻坚期内保持稳定。开展抓党建促脱贫，着力配强乡镇领导班子，夯实农村基层党组织。形成五级书记抓脱贫、全党动员促攻坚的生动局面，为脱贫攻坚战提供坚强的政治保障。

②

① 江苏省通过实行"智力扶贫"，使苏北贫困地区的农民掌握了进城打工的本领，瞧，这些农村妇女领取了保姆培训合格证后，笑得多开心！（程光 摄）

② 6月28日，西藏自治区达孜县章多乡拉木村的74户居民参加了一个"借母畜还仔畜"的扶贫项目。每户人家从村委会领取一头带胎的母牦牛回家饲养，限期3年。如果母牦牛产了一头小母牦牛，那么这头小牛则归村委会，并由其发放给其他的贫困户饲养；如果母牦牛产的是小公牛，那么小牛则仍然归饲养户所有；牛的副产品，比如牛奶、牛毛等也归饲养户。

这是由达孜县农业开发扶贫办公室于2009年起牵头的扶贫项目。这74户人家的人均年收入在1700元以下，是村里的贫困户。他们由村委会推荐，成为第一批参加这个项目的饲养户。（中国专题图库 供图）

脱贫攻坚政策体系逐步形成。围绕《中共中央、国务院关于打赢脱贫攻坚战的决定》，中办、国办出台13个配套文件，中央和国家机关有关部门出台200多个政策文件或实施方案。各地也相继出台和完善"1+N"的脱贫攻坚系列文件，政策举措涵盖贫困地区基础设施、公共服务、产业就业、易地搬迁、交通、水利、教育、健康、生态、社会保障等重点领域，涉及资金、金融、土地、科技、人才等要素保障。

脱贫攻坚投入体系不断强化。坚持政府投入的主体和主导作用，增加金融资金投放，确保扶贫投入力度与打赢脱贫攻坚战要求相适应。2013—2017年，中央财政专项扶贫资金年均增长22.7%，省级财政专项扶贫资金年均增长26.9%。2016年、2017年共安排地方政府债务1200亿元，用于改善贫困地区生产生活条件，实施贫困村提升工程。贫困县统筹整合财政涉农资金用于脱贫攻坚，累计整合5296亿元。深化扶贫领域"放管服"改革，扶贫资金项目下放到县比例超过95%。"十三五"期间安排易地扶贫搬迁专项贷款3500亿元，扶贫小额信贷累计发放4300多亿元，扶

① 西部经济的落后，也反映出科技的滞后。2000 年 1 月，北京的 20 名医药、农业、畜牧、管理及信息科技专家赴青海省化隆县进行"科技扶贫"，他们在经过海拔 3650 米的青沙山垭口时合影留念。（张力 摄）

贫再贷款累计发放 1600 多亿元。95 家证券公司结对帮扶 210 个贫困县,支持贫困县企业融资 830 亿元。保险业助力脱贫攻坚作用明显。贫困地区建设用地增减挂钩节余指标流转,累计收益 460 多亿元。

脱贫攻坚动员体系日益夯实。发挥社会主义制度集中力量办大事的优势,动员各方面力量合力攻坚。坚持政府投入的主体和主导作用,深入推进东西部扶贫协作、党政机关定点扶贫、军队和武警部队扶贫、社会力量参与扶贫。

将 10 月 17 日设立为扶贫日,从 2014 年起每年组织开展扶贫日系列活动。开展"携手奔小康"行动,342 个东部经济较发达县结对帮扶 548 个西部贫困县,促进了西部地区脱贫攻坚和区域协调发展。中央企业开展贫困革命老区"百县万村"帮扶行动,民营企业开展"万企帮万村"精准扶贫行动。到 2017 年年底全国已有 4.62 万家民营企业帮扶 5.12 万个村,投资 527 亿元实施产业扶贫项目,捐资 109 亿元开展公益帮扶,带动和惠及 620 多万建档立

① 山西省兴县沙壕村全景。沙壕村地处黄土高原东端,交通不便,常年干旱。(中国专题图库 供图)

卡贫困人口。建设中国社会扶贫网,为社会各界精准帮扶贫困户提供对接平台。设立全国脱贫攻坚奋进奖、贡献奖、奉献奖、创新奖,表彰脱贫攻坚模范,发挥榜样带动作用。各地结合实际,通过各种形式加大宣传力度,宣讲扶贫政策,推广先进典型,《苦乐村官》《苏玛花开》等一大批反映脱贫攻坚的文艺作品在全国上映,人人皆能为、人人皆可为、人人皆愿为的"大扶贫"氛围日益浓厚。

脱贫攻坚监督体系不断完善。把全面从严治党要求贯穿脱贫攻坚全过程各环节。中央出台脱贫攻坚督查巡查工作办法,2016 年、2017 年连续两年组织开展督查巡查。全国人大常委会两次听取国务院关于脱贫攻坚工作情况的报告并开展专题询问,全国政协常委两次围绕精准扶贫建言献策,中央巡视工作把脱贫攻坚作为重要内容。8 个民主党派中央分别对应 8 个贫困人口多、贫困发生率高的省份,在攻坚期内开展脱贫攻坚民主监督。纪检监察机关开展扶贫领域监督执纪问责,检察机关开展集中整治和加强

预防扶贫领域职务犯罪专项工作，审计机关开展扶贫资金管理使用和政策跟踪审计，财政部与扶贫办对财政专项扶贫资金开展集中检查，扶贫办设立 12317 扶贫监督举报电话，加强与纪检监察、财政、审计等部门和媒体、社会等监督力量的合作，把各方面的监督结果运用到考核评估和督查巡查中。各省（自治区、直辖市）建立健全了集中督查、重点督查、专项巡查、社会舆论监督"四位一体"的常态化督查体系。

脱贫攻坚考核体系愈加严实。为确保脱贫成效真实，得到社会和群众认可、经得起实践和历史检验，中央出台省级党委和政府扶贫开发工作成效考核办法，实行最严格的考核评估制度。国务院扶贫开发领导小组在对 2015 年工作成效试考核基础上，

① 村民们饶有兴致地浏览山西省兴县沙壕村村庄规划图。（中国专题图库 供图）
② "幸福工程——救助贫困母亲行动"在扶贫和开发的实践中取得了有益的成绩。许多孩子因母亲得到救助，家庭经济好转而重新走进课堂。（刘戈宇 摄）

先后组织开展 2016 年、2017 年省级党委和政府扶贫工作成效正式考核。经党中央、国务院同意，对综合评价好的省（自治区、直辖市）通报表扬，并在 2017 年、2018 年中央财政专项扶贫资金分配上给予奖励；对综合评价较差且发现突出问题的省，约谈党政主要负责同志；对综合评价一般或发现某些方面问题突出的省份，约谈分管负责同志；考核结果送中央组织部，作为对省级党委、政府主要负责人和领导班子综合考核评价的重要依据。2018 年以后，发现问题，随时约谈。2018 年年初，国务院扶贫开发领导小组出台东西部扶贫协作考核办法、中央单位定点扶贫考核办法，初步形成纵向到底、横向到边的脱贫攻坚考核体系。

制度配套，措施有力，重点在于瞄准靶向，切中目标，有的放矢。最关键的问题首先是解决好"扶持谁"的问题。2014 年，全国组织 80 多万人进村入户，共识别 12.8 万个贫困村，2948 万贫困户、8962 万贫困人口，基本摸清了我国贫困人口分布、致贫原因、脱贫需求等信息，建立起了全国统一的扶贫开发信息系统。2015 年 8 月至 2016 年 6 月，全国动员近 200 万人开展建档立卡"回头看"，补录贫困人口 807 万，剔除识别不准人口 929 万，识别精准度进一步提高，精确锁定了脱贫攻坚的主战场。2017 年 2 月，组织各地对 2016 年脱贫不实情

②

况开展自查自纠，245万标注脱贫人口重新回退为贫困人口。2017年6月，组织各地完善动态管理，把已经稳定脱贫的贫困户标注出去，把符合条件遗漏在外的贫困人口和返贫的人口纳入进来，新识别纳入849万贫困人口，清退识别不准的12万人。各地还总结出诸如"先看房，次看粮，再看学生郎，四看技能强不强，五看有没有残疾重病躺在床"等评定程序，让扶贫工作更具操作性。建档立卡使我国贫困数据第一次实现了到村到户到人，为中央制

定精准扶贫政策措施、实行最严格考核制度和保证脱贫质量打下了基础。

由职能部门专业扶贫，到各涉农部门共同发力、全社会共同参与，需要重新架构格局，解决好"谁来扶"的问题。2016年10月，中办、国办印发《脱贫攻坚责任制实施办法》，从中央统筹、省负总责、市县落实、合力攻坚、奖惩等方面对落实脱贫攻坚责任制全面做出安排部署。务实有效的扶贫管理体制安排，让党中央决策部署有效传导

① 中国人民银行合肥中心支行扶贫点安徽省石台县奇峰村新貌。(张哲 供图)

到最末梢的基层干部。中央要求，每个贫困村都要派驻村工作队，每个贫困户都要有帮扶责任人，实现全覆盖。全国累计选派43.5万名干部担任第一书记，派出277.8万名干部驻村帮扶。目前，在岗第一书记19.5万名、驻村干部77.5万名。第一书记和驻村干部积极帮助群众出主意干实事，推动扶贫政策措施落地落实，打通精准扶贫"最后一公里"。

"扶贫扶谁、扶贫谁扶"问题解决之后，"怎么扶"的问题尤为关键。对此，中央明确指出，按照贫困地区和贫困人口的具体情况，实施"五个一批"工程：发展生产脱贫一批、易地搬迁脱贫一批、生态补偿脱贫一批、发展教育脱贫一批、社会保障兜底一批。这是精准施策、全方位出击的基本战术。产业扶贫、教育扶贫、健康扶贫、金融扶贫、生态扶贫、电商扶贫、光伏扶贫等各类精准扶贫举措，八仙过海，各显神通。仅2017年，全国产业扶贫发展迅速，特色种养业扶贫全面铺开，电商扶贫带动274万贫困户增收、光伏扶贫直接惠及80万户贫困户，旅游扶贫覆盖2.3万个贫困村。易地扶贫搬迁完成340万贫困人口搬迁建设任务。就业扶贫实现577万贫困劳动力稳定转移就业。生态扶贫累积选聘37万贫困人口为生态护林员。教育扶贫深入实施，贫困县农村学生上重点高校人数再增长9.3%，农村薄弱学校改造计划稳步推进，阻断贫困代际传递又迈出一步。健康扶贫救治421万大病和慢性病贫困患者，贫困人口医疗费用实际报销比例提高到80%以上。对190万贫困户危房进行改造，保障住房安全，大庇天下寒士俱欢颜。推进农村低保与扶贫开发有效衔接，低保兜底保障作用进一步加强。

精准扶贫是为了精准脱贫，目的和手段关系必须搞清楚。中央要求设定时间表，实现有序退出，既要防止拖延病，又要防止急躁症；留出缓冲期，在一定时间内实行摘帽不摘政策；实行严格评估，按

① 支教队队长周文帅来自新华社人事局，负责西柏坡中学七年级的计算机课。在教课之外，队长是全队最忙碌的人，每天要与许多人联系，被队员戏称"不是在接电话，就在拨电话"。（中国专题图库 供图）
② 支教队王琦正在给西柏坡希望小学的学生上体育课，他是不折不扣的"孩子王"。（中国专题图库 供图）
③ 湖南省平江县三阳乡兴阳村，利用5000元贷款起步，吴艳仿开垦了近10亩的荒地种菜，2016年有了四五万元的收入。（中国专题图库 供图）
④ 目前扶贫贷款覆盖了平江县的很多村庄。小额贷款扶持了当地农业的发展。（中国专题图库 供图）

照摘帽标准验收；实行逐户销号，做到脱贫到人，脱没脱贫要同群众一起算账，要群众认账。既要讲清楚脱了多少人，又要讲清怎么脱贫的。从精准扶贫到精准脱贫，重在提高脱贫攻坚成效，关键是找准路子、构建好体制机制，在精准施策上出实招、在精准推进上下实功、在精准落地上见实效。2017年2月26日，江西井冈山宣告在全国率先脱贫摘帽，向长眠在这块红土地上的4.8万多名革命烈士奉上最好的告慰。一个月后，河南兰考也宣布摘下贫困的帽子。曾经的风沙盐碱地，如今经济社会繁荣、百姓安居乐业。在新中国历史上，第一次实现贫困县数量减少。

改革开放40年来，我国的脱贫攻坚力度之大、规模之广、影响之深，前所未有，取得了决定性进展，显著改善了贫困地区和贫困群众生产生活条件，谱写了人类反贫困历史新篇章。创造了我国减贫史上最好成绩，为实施乡村振兴战略奠定了良好基础。全国现行标准下的农村贫困人口由2012年年底的9899万人减少到2017年年底的3046万人，5年累计减贫6853万人，减贫幅度达到70%左右。贫困发生率由2012年年底的10.2%下降到2017年年底的3.1%，下降7.1个百分点。年均脱贫人数1370万人，是1994年至2000年"八七扶贫攻坚计划"实施期间年均脱贫人数639万的2.14倍，是2001年至2010年第一个十年扶贫纲要实施期间年均脱贫人数 673 万的 2.04 倍，也打破了以往新标准实施后脱贫人数逐年递减的格局。贫困县数量实现了首次减少，2016 年有 28 个贫困县脱贫摘帽，2017 年考核验收结束后还会有 100 个贫困县退出，解决区域性整体贫困迈出坚实步伐。贫困地区特色优势产业和旅游扶贫、光伏扶贫、电商扶贫等新业态快速发展，增强了贫困地区内生发展活力和动力。通过生态扶贫、易地扶贫搬迁、退耕还林等，贫困地区生态环境明显改善，实现了生态保护和扶贫脱贫一个战场、两场战役的双赢。通过基础设施和公共服务建设，贫困地区特别是农村基础条件明显改善，改变了贫困地区整体面貌。通过组织开展贫困识别和贫困退出、扶贫项目，贫困地区基层治理能力

① 井冈山下的农村公路。（王林水 摄）
② 四川凉山彝族自治州的大山深处，户用光伏系统解决了当地居民的用电问题。（人民画报社 组稿）

和管理水平明显提高，增强了农村基层党组织的凝聚力和战斗力。通过选派第一书记和驻村工作队，锻炼了机关干部，培养了农村人才。这些同志肩负重任，同当地基层干部并肩战斗，带领贫困群众脱贫致富，用自己的辛苦换来贫困群众的幸福，有的甚至献出了宝贵生命，诠释了扶贫干部的担当和情怀。

中国式扶贫是全球贫困治理的"中国智慧"。以"共建一个没有贫困、共同发展的人类命运共同体"为己任，彰显出一个负责任的中国对于全球减贫事业的责任担当。其中蕴含的对贫困问题的深刻认知、对贫困治理规律的准确把握、对精准扶贫精准脱贫的巨大创新，对全球贫困治理具有重要的借鉴意义。联合国粮农组织减贫项目官员安娜·坎波斯表示，中国在减贫领域取得巨大成果，是因为始终把扶贫工作摆在重要位置，并且在扶贫方面有清晰的目标，中国在减贫领域为其他国家树立了榜样。美国著名未来学家约翰·奈斯比特讲道，从全球背景来看，中国减贫对寻求摆脱贫困的新兴经济体具有巨大价值。法国著名经济学家米歇尔·阿列塔指出，中国扶贫的成功经验值得推广学习。德国政治学家沃夫拉姆·阿多菲认为，中国是将减贫事业作为执政党使命和责任来对待和解决的，中国的减贫经验为世界提供了借鉴。印度夏马尔大学教授卡玛奇亚表示，中国的脱贫攻坚战，不仅是中国消灭贫穷问题，更是为人类社会做出的巨大贡献，为包括发达国家在内的所有国家做出了榜样，这是中国方案和中国理念对世界的贡献。

① 徐州市沙集镇不大，却是一个"电商王国"，电子商务给这个小镇带来诸多变化。这从"淘宝大道""阿里路""天猫路"等特色路名即可见一斑。（中国专题图库 供图）

② 苏州是一个鱼米之乡，漫游于苏州郊区，满目青山绿水，丰富的农耕文化，美丽的乡村风情，十分适宜开展乡村旅游。图为春耕季节。（中国专题图库 供图）

乡村振兴

XIANGCUN ZHENXING

　　乡村是中华民族之根，是中华文化之源，是农业文明时代曾经引领人类文明长达数千年的地方。党的十九大报告首次提出了乡村振兴战略，并将其提升到战略高度和写入了党章，这是由中国特有的国情决定的，也是党中央着眼于全面建成小康社会、全面建设社会主义现代化强国做出的准确判断。脱贫攻坚是为实现党的第一个百年目标打好基础，乡村振兴则是为实现党的第二个百年目标做好准备。

　　中国的农村不会衰败也不能衰败，振兴乡村是我们推进社会主义现代化进程的一条必经之路。没有农业农村的现代化，就没有国家的现代化。农业强不强、农村美不美、农民富不富，决定着亿万农民的获得感和幸福感，决定着我国全面小康社会的成色和社会主义现代化的质量。如期实现第一个百年奋斗目标并向第二个百年奋斗目标迈进，最艰巨、最繁重的任务在农村，最广泛、最深厚的基础在农村，最大的潜力和后劲也在农村。实施乡村振兴战略，是解决人民日益增长的美好生活需要和不平衡不充分的发展之间矛盾的必然要求，是实现"两个一百年"奋斗目标的必然要求，是实现全体人民共同富裕的必然要求。乡村振兴战略为新时代农业农村改革发展指明了方向、明确了重点。

① 正值阳春三月，湖南长沙县浔龙河生态艺术小镇前金黄的油菜花盛开。（中国专题图库 供图）
② 整洁的村民休闲广场。（中国专题图库 供图）
③ 住在四川巴中省市周边的人们喜欢选择来南江县槐树村度周末。（中国专题图库 供图）

②

③

实施乡村振兴战略更加明确了"三农"问题在我国现代化进程中的位置。十九大报告中指出，"农业农村农民问题是关系国计民生的根本性问题，必须始终把解决好'三农'问题作为全党工作重中之重"。我们现在最突出的问题还是发展的不平衡和不充分，而这种不平衡和不充分最突出的体现在农村，因此，在实现现代化强国的目标过程中，始终坚持把解决好"三农"问题放在重中之重的位置，是非常必要的。

实施乡村振兴战略需要有新的理念、新的目标和新的措施手段。

新的理念就是第一次明确提出了"坚持农业农村优先发展"。这是在观念上、认识上、工作部署上的重大突破和重大创新。在改革开放40年的今天，尽管城乡都有很大的发展和变化，但总体来讲，农业还是现代化的短腿，农村还是全面小康的短板，这个基本事实就要靠优先发展来补齐。

新的目标就是"加快推进农业农村的现代化"。在农业现代化的基础上，第一次明确提出了农村也要现代化，意义非常重大。我们一直在强调农业这个产业要现代化，但为什么农村也要现代化，因为还有几亿农民要在那里生活，只有农村实现了现代化，才能让在农村生活的农民真正享受到幸福的生活。中国的农村，不仅仅是要解决一个农业的问题，更重要的是要解决数量如此庞大的农民的福祉问题。

　　新的措施手段就是"建立健全城乡融合发展体制机制和政策体系"。城和乡是一个命运共同体，衰败的乡村绝对烘托不出繁荣的城市，从这个意义上讲，实现城乡融合发展的根本出路在于打破城乡经济社会的二元体制。

　　实施乡村振兴战略，更加坚定地表述了我们应该坚持的两条基本原则。

　　第一条基本原则是要巩固和完善农村基本经营制度。农村基本经营制度的全称是以家庭承包经营为基础、统分结合的双层经营体制，是改革开放 40 年来农村改革取得的最重要的制度性成果。关于农村基本经营制度，过去 30 多年来中央的文件中曾经有过不同的表述，曾经讲过"要稳定和坚持"，也曾经讲过"要坚持和完善"，这次十九大报告则提出"要巩固和完善"，进一步强调了党中央对于坚持实行农村基本经营制度的决心。

　　农村实行家庭承包经营制度已经有 30 多年时间了，十九大报告中明确提出，第二轮土地承包到期之后再延长 30 年。习近平总书记对这个问题做了非常精辟的解释，之所以现在提出二轮承包期满后再延长 30 年，是因为这个时间和我们实现强国目标的时间节点相契合，等我们建成现代化强国后可以再研究实施新的农村土地制度。

　　第二条基本原则是再次明确要确保国家粮食安全。要把中国人的饭碗牢牢端在自己手中，饭碗里应当主要装中国人自己的粮食，这是确保国家粮食安全的根本出路。回顾我们改革开放 40 年的历程，我们曾经经历过几次粮食生产的大起大落，中国的粮食滑坡容易爬坡难，我们要避免粮食生产出现大的波动，影响国家粮食安全，影响整个国家经济社会的安全。十九大报告对我们过去一贯强调的重大基本原则问题都是再次重申，表达了更加坚定的意愿。实施乡村振兴战略，对当前的农业农村的改革发展给出了精确指导。

　　对于什么才是真正意义上的乡村振兴？十九大报告给出了二十个字，分别是"产业兴旺、生态宜居、乡风文明、治理有效、生活富裕"。2005 年，中央制定第十一个五年规划时提出了社会

　　① 2017 年 10 月 18 日，中国共产党第十九次全国代表大会在北京人民大会堂隆重开幕。（中国专题图库 供图）

主义新农村建设，当时的社会主义新农村建设提出了五方面要求，生产发展、生活宽裕、乡村文明、村容整洁、管理民主。过去讲生产发展，现在讲产业兴旺，过去讲生活宽裕，现在讲生活富裕，过去讲村容整洁，现在讲生态宜居，过去讲管理民主，现在讲治理有效，同时乡村文明这一条仍然要坚持下去，乡村振兴的五句话要求实际上可以被视为社会主义新农村建设的升级版，乡村振兴的要求明显更高了。

对于农村集体产权制度改革，十九大报告明确指出"要深化农村集体产权制度改革，保障农民财产权益，壮大集体经济"。为了保障农民的财产权益，为了壮大集体经济，这对于健康地推进农村正在深入的产权制度改革具有十分重要的指导意义。

对于如何推进中国的农业现代化，十九大报告明确提出"构建现代农业产业体系、生产体系、经营体系，完善农业支持保护制度，发展多种形式适度规模经营，培育新型农业经营主体，健全农业社会化服务体系，实现小农户和现代农业发展有机衔接"。改革开放以来，在中央文件和党代会报告中，第一次出现了"小农户"的概念，党中央清醒地认识到，在今后相当长的时间内，一家一户经营的小农户在中国社会中将是一个长期存在的现象。建设中国的农业现代化，一方面要通过土地确权等形式，让承包了土地的农民对于流转自家的承包地更加踏实、更加有信心，另一方面还要通过各种各样的农业社会化服务为小农户提供现代化的农业技术装备服务，实现小农户和现代农业发展的有机衔接。

实施乡村振兴战略，明确指出了当前农业农村面临的两大突出矛盾，并且提出了解决思路。

第一个突出矛盾是农民的就业和增收。关于农民的就业和增收，十九大报告明确提出"要促进农村一二三产业融合发展，支持和鼓励农民就业创业，拓宽增收渠道"。总结过去40年的经验，我们确实走出了一条让农民增收的道路。第一，提高农业的效率，提高农产品的价格，这可以让农民增收，但是人均土地太少，农民很难致富。第二，农民外出务工，20世纪80年代到90年代中期乡镇企业异军突起，解决了大量的农民就业问题，但到90年代中期以后乡镇企业渐渐退潮了，于是很快又兴起了规模庞大的民工潮，最近几年大家又感觉到新进城的民工数量在降低。第三，也就是当前，应该更努力地为农民创造第三就业空间，促进农村一二三产业融合发展，发展农村的新产业新业态，让农村在耕地之外能为农民创造更多的就业机会，给他们带来新的增收渠道。

第二个突出矛盾是基层社会治理问题。如何加强农村的基层基础工作，十九大报告强调了两个方面。第一是健全自治、法治、德治相结合的乡村治理体系，在农村不仅要充分发挥村民的自治功能，而且要加强法治和德治的作用。第二是培养造就一支懂农业、爱农村、爱农民的"三农"工作队伍，这在当前农村人口结构发生深刻变化的背景下尤为重要。

按照党的十九大提出的决胜全面建成小康社会、分两个阶段实现第二个百年奋斗目标的战略安排，实施乡村振兴战略的目标任务是：到2020年，乡村振兴取得重要进展，制度框架和政策体系基本形成；到2035年，乡村振兴取得决定性进展，农业农村现代化基本实现；到2050年，乡村全面振兴，农业强、农村美、农民富全面实现。

中国特色社会主义乡村振兴道路怎么走？党中央指出了七条路：一是必须重塑城乡关系，走城乡融合发展之路；二是必须巩固和完善农村基本经营制度，走共同富裕

① 22岁的晏强毕业于四川民族学院,他正在紫色光源条件下培育苗种。他向记者介绍说,自己已经真正地融入了槐树村,成为村民中的一员。(中国专题图库 供图)

② 刘浩(左)和爱人经营着自己的獭兔养殖场,每年的收入相当可观。(中国专题图库 供图)

③ 安徽省黄山市卢村,鳞次栉比的徽派古村落包围在色彩斑斓的田园之中。徽派山墙是中国传统民居中江南古典建筑的一种形式。(施亚磊 摄)

之路；三是必须深化农业供给侧结构性改革，走质量兴农之路；四是必须坚持人与自然和谐共生，走乡村绿色发展之路；五是必须传承发展提升农耕文明，走乡村文化兴盛之路；六是必须创新乡村治理体系，走乡村善治之路；七是必须打好精准脱贫攻坚战，走中国特色减贫之路。

乡村振兴，产业兴旺是重点。农村只有产业兴旺，农村才有好的就业，农民才有好的收入，农村才有生机和活力。产业兴旺必须坚持质量兴农、绿色兴农，以农业供给侧结构性改革为主线，加快构建现代农业产业体系、生产体系、经营体系，提高农业创新力、竞争力和全要素生产率，加快实现由农业大国向农业强国转变。

藏粮于地、藏粮于技。产业兴旺要夯实农业生产能力基础。严守耕地红线，确保国家粮食安全，把中国人的饭碗牢牢端在自己手中。全面落实永久基本农田特殊保护制度，加快划定和建设粮食生产功能区、重要农产品生产保护区，完善支持政策。大规模推进农村土地整治和高标准农田建设，稳步提升耕地质量。

大路货卖不掉，好东西买不到，是当前

③

① 槐树村村民富起来了，也开始注重生活的质量，太阳能热水器基本成了每家每户的必需品。（中国专题图库 供图）
② 今年71岁的刘文锐说起新生活就高兴得合不拢嘴。（中国专题图库 供图）
③ 一潭碧水，栋栋洋楼，初见槐树村就让人眼前一亮。（中国专题图库 供图）

最突出的农产品矛盾。产业兴旺要实施质量兴农战略。深入推进农业绿色化、优质化、特色化、品牌化，调整优化农业生产力布局，推动农业由增产导向转向提质导向。推行标准化生产，培育农产品品牌，保护地理标志农产品，打造一村一品、一县一业发展新格局。实施食品安全战略，完善农产品质量和食品安全标准体系，加强农业投入品和农产品质量安全追溯体系建设，健全农产品质量和食品安全监管体制，重点提高基层监管能力。

产业兴旺不是单指一产农业的发达，而是需要农产品加工业和为农服务三次产业配套发展。要构建农村一二三产业融合发展体系。大力开发农业多种功能，延长产业链、拓展功能链、提升价值链、完善利益链，通过保底分红、股份合作、利润返还等多种形式，让农民合理分享全产业链增值收益。实施休闲农业和乡村旅游精品工程，建设一批设施完备、功能多样的休闲观光园区、森林人家、康养基地、乡村民宿、特色小镇。发展乡村共享经济、创意农业、特色文化产业。

③

① 槐树村过去的房屋，低矮而破旧，因为村民收入低，多年没有进行翻修。
（中国专题图库 供图）
② 站在山坡上俯瞰槐树村，规划合理，环境整洁，让人很难想象它之前的模
样。（中国专题图库 供图）
③ 黑龙江省牡丹江市镜泊湖是中国最大的高山堰塞湖，著名的避暑和疗养胜
地。镜泊湖珍珠门，风景如画，两座小礁山宛若荷叶上浮动的晶莹露珠，熠
熠发光。（中国专题图库 供图）

改革开放以来，我国出现了许多发展活起来、产业强起来、生活富起来、文化兴起来、生态绿起来、环境美起来、名声响起来的著名村庄和特色村庄，其中，不乏年复合总收入达到亿级、十亿级、百亿级、数百亿级，乃至千亿级的村域经济体。这些村庄是当代中国村庄群体振兴发展的示范引领，是"乡村让城市更向往"的精华写照。如陕西宝鸡东岭村，从地产到矿产，从金融到贸易，多头并举，2017年销售值突破1300亿元，排名全国第一。浙江东阳的花园村以高科技产业为主导，新兴产业为配套，形成生物医药、新型材料、基础材料、红木家具、电子科技、建筑房产、包装彩印、旅游商贸、教育卫生、影视文化、火腿食品、现代农业等一二三产业全面发展的产业布局，引领了融合发展的新格局。2016年，花园村实现经营收入461.23亿元，拥有个私工商户2827家，村民人均年收入达16万元。

小农户长期存在是中国的基本国情。产业兴旺要促进

① 梦想小镇互联网村的12幢仓库式建筑前身是以无虫、无霉、无鼠、无雀著名的"四无粮仓"。梦想小镇周边是大片的稻田，创业者在这里可以"在出世和入世之间自由徜徉"。（中国专题图库 供图）
② 伊春市五营国家森林公园内的红松森林浴场。由于红松能释放出高于一般城市十几倍乃至几十倍的负氧离子，因此穿行其间，仿佛进行了一场清新的森林浴。（中国专题图库 供图）

小农户和现代农业发展有机衔接。统筹兼顾培育新型农业经营主体和扶持小农户，采取有针对性的措施，把小农生产引入现代农业发展轨道。培育各类专业化市场化服务组织，推进农业生产全程社会化服务，帮助小农户节本增效。发展多样化的联合与合作，提升小农户组织化程度。改善小农户生产设施条件，提升小农户抗风险能力。探索小农户与现代化的衔接将是中国农业一个相当长的历史任务。

乡村振兴，生态宜居是关键。生态和宜居是并列的，生态就是要保护生态环境，绿色导向和生态导向，宜居就是农民要住得好，要给农民一个干净的生活环境。良好生态环境是农村最大优势和宝贵财富。必须尊重自然、顺应自然、保护自然，推动乡村自然资本加快增值，实现百姓富、生态美的统一。河北邢台前南峪村的山是由岩石构成的光山秃岭。人们形容"山是和尚头，下雨遍地流，冲毁河滩地，十年九不收"。全村宜林荒山 8300 亩，20 世纪 60 年代起，前南峪村开始绿化荒山，到了 90 年代中期，这里就被誉为"太行山最绿的地方"。从 2001 年开始，前南峪村继续坚持生态、经济、社会三大效益并重的原则，在改善生态环境的基础上，促进一二三产业协调发展，形成以高效农业为基础，以绿色环保产业为骨干，以旅游服务业为桥梁，农工商综合经营的经济格局。勤劳的前南峪人，不仅追求绿，而且向往美，他们把美丽田园变身美丽经济。通过旅游开发，把绿水青山创意式装扮、产业化运营，将美丽变成财富、变成增长新动力，在经济转型中探索出了一条由荒变绿、由绿变富、由富变美，特色鲜明的"太行山道路"。

诗意的栖居是人类生活现代化水平的基本体现。生态宜居，要持续改善农村人居环境。实施农村人居环境整治三年行动计划，以家户卫生、农村垃圾、污水治理和村容村貌提升为主攻方向，整合各种资源，强化各种举措，稳步有序地推进农村人居环境突出问题治理。

联合国卫生组织指出"厕所是最廉价的医药"。坚持不懈地推进农村"厕所革命"，是中国这个农村大国、农民大国的重要工程。统计数据显示，全国每万人拥有公厕不足3座。印度也正在开展"清洁印度行动"，计划3年内在全国建造1.1亿座厕所，为7亿多人解决如厕问题。这种行动力度值得我们借鉴。

生态问题是一个大环境的综合体系，需要采取多元化治理举措。生态宜居要统筹山水林田湖草系统治理。把山水林田湖草作为一个生命共同体，进行统一保护、统一修复。实施重要生态系统保护和修复工程。健全耕地草原森林河流湖泊休养生息制度，分类有序退出超载的边际产能。扩大耕地轮作休耕制度试点。科学划定江河湖海限捕、禁捕区域。全面推行河长制、湖长制。强化湿地保护和恢复。完善天然林保护制度。扩大退耕还林还草、退牧还草。继续实施草原生态保护补助奖励政策。实施生物多样性保护重大工程。加强农业面源污染防治，开展农业绿色发展行动。加强农村水环境治理和农村饮用水水源保护，实施农村生态清洁小流域建设。扩大华北地下水超

① 分类垃圾箱在湖北省谷城县堰河村随处可见。（张治平 摄）
② 退耕还林，发展多种经营也是农民增收的重要途径。（中国专题图库 供图）

采区综合治理范围。推进重金属污染耕地防控和修复。实施流域环境和近岸海域综合治理。加强农村环境监管能力建设。

生态宜居是地域间、全社会的协同，应建立市场化、多元化生态补偿机制。落实农业功能区制度，加大重点生态功能区转移支付力度，完善生态保护成效与资金分配挂钩的激励约束机制。健全地区间、流域上下游之间横向生态保护补偿机制，探索建立生态产品购买、森林碳汇等市场化补偿制度。推行生态建设和保护以工代赈做法，提供更多生态公益岗位。正确处理开发与保护的关系，将乡村

163

生态优势转化为发展生态经济的优势，提供更多更好的绿色生态产品和服务。积极开发观光农业、游憩休闲、健康养生、生态教育等服务，打造绿色生态环保的乡村生态旅游产业链。

乡村振兴，乡风文明是保障。乡风文明是乡村文化的一种状态，是一种有别于城市文化，也有别于以往农村传统文化的一种新型的乡村文化。它表现为农民在思想观念、道德规范、知识水平、素质修养、行为操守，以及人与人、人与社会、人与自然的关系等方面继承和发扬民族文化的优良传统，摈弃传统文化中消极落后的因素，适应经济社会发展，不断有所创新，并积极吸收城市文化乃至其他民族文化中的积极因素，以形成积极、健康、向上的社会风气和精神风貌。适应社会的发展要求，能否实现乡村振兴，乡风文明建设具有举足轻重的作用。在乡村振兴的过程中，要注重以家风促民风，构建乡风文明新样本，如以家风家训传家的上海奉贤杨王村。杨王村村委用编村训村规的方法提升村民素养，同时发动全体村民写家训，让家庭成为改变民风的阵地。2006年开始，杨王村"两委"发动全体村民写家训，开展家训征集评选活动。第一轮家训征集活动，收到了400多条家训。2013年，杨王村进行了第二轮家训征集，吸引了全村98%的村民参与。家训征集后统一制作家训牌，放在村民家中醒目位置，鞭策警醒村民自律。在杨王村里社区主干道的两侧，有18块漫画牌，分别以"贤、爱、慈、俭、廉、善、和、化、孝、勤、立、德、信、节、谦、礼、诚、义"18个字为主题进行阐释。村口空地上，还有一面大大的村训墙："勤劳、智慧、进取、和谐。不怕艰难，昂扬向上的精神状态；大胆实践，善于创新的务实作风；敢为人先，争创一流的时代风范。"杨王村"仓廪实而知礼仪"的实践，点燃了奉贤"家风家训"培育活动的薪火。如今的杨王村已经涅槃重生，村级经济又好又快发展，村民素质也明显提高。到2015年为止，全村一二三产业实现经济规模150.98亿元，税金4.12亿元，全村可支配收入达到4426.73多万元，成了奉贤区有名的富裕村。

在价值多元化、文化多元化的当今时代，加强农村思想道德建设尤为重要。以社会主义核心价值观为引领，采取符合农村特点的有效方式，进行宣传教育。深化民族团结进步教育，加强农村思想文化阵地建设。深入实施公民道德建设工程，推进社会公德、职业道德、家庭美德、个人品德建设。

文明的生成是代代相传的接续。乡风文明要传承、发展、提升农村优秀传统文化。切实保护好优秀农耕文化遗产，推动优秀农耕文化遗产合理适度利用。深入挖掘农耕文化蕴含的优秀思想观念、人文精神、道德规范，充分发挥其在凝聚人心、教化群众、淳化民风中的重要作用。划定乡村建设的历史文化保护线，保护好文物古迹、传统村落、民族村寨、传统建筑、农业遗迹、灌溉工程遗产。支持农村地区优秀戏曲曲艺、少数民族文化、民间文化等传承发展。

装满口袋后的农民，急需充实脑袋。乡风文明要加强农村公共文化建设，健全乡村公共文化服务体系，推进基层综合性文化服务中心建设。深入推进文化惠民，公共文化资源要重点向乡村倾斜。支持"三农"题材文艺创作生产，充分展示新时代农村农民的精神面貌。培育挖掘乡土文化本土人才。活跃繁荣农村文化市场，丰富农村文化业态。陈规陋习在各种文化冲撞中沉渣泛起，乡风文明要开展移风易俗行动。广泛开展文明村镇、星级文明户、文明家庭等群众性精神文明创建活动。遏制大操大办、厚葬薄养、人情攀比等陈规陋习。加强无神论宣传教育，丰富农民群众精神文化生活，抵制封建迷信活动。深化农村殡葬改革。加强农村科普工作，提高农民科学文化素养。

乡村振兴，治理有效是基础。通常情况下，一个村达到了政令畅通，民心相通，那么就可以说这个村就是治理有效。治理有效应当建立健全党委领导、政府负责、社会协同、公众参与、法治保障的现代乡村社会治理体制，坚持自治、法治、德治相结合，确保乡村社会充满活力、和谐有序。乡村振兴要在创新发展、治理有效的基础上发展自身，壮大自身，如上海东方村，浙江的谢家路村、七一村等，以乡村道德为准绳，以党建为引领，以法治为约束，形成村庄创新治理新格局。

在"群众看党员，党员看支部"已经成为乡村行事定

① 如今，河北承德市塞罕坝不再以木材产业为主导，而是发展了苗木、风电、旅游等多种经营方式，绿色发展之路越走越宽。（中国专题图库　供图）
② 绵竹市新市镇花园村村民们在观看刚张贴的村财务公布榜。（中国专题图库　供图）

①

律的背景下，治理有效关键在于加强农村基层党组织建设。扎实推进抓党建促乡村振兴，突出政治功能，提升组织力。持续整顿软弱涣散的村党组织，稳妥有序地开展不合格党员处置工作，着力引导农村党员发挥先锋模范作用。建立选派第一书记工作长效机制，全面向贫困村、软弱涣散村和集体经济薄弱村党组织派出第一书记。健全从优秀村党组织书记中选拔乡镇领导干部、考录乡镇机关公务员、招聘乡镇事业编制人员制度。推行村级小微权力清单制度，加大基层小微权力腐败惩处力度。严厉整治惠农补贴、集体资产管理、土地征收等领域侵害农民利益的不正之风和腐败问题。

村民自治是农村改革的重要举措，治理有效要深化村民自治实践。坚持自治为基，加强农村群众性自治组织建设，健全和创新村党组织领导的充满活力的村民自治机制。推动村党组织书记通过选举担任村委会主任。发挥自治章程、村规民约的积极作用。全面建立健全村务监督委员会，推行村级事务阳光工程。依托村民会议、村民代表会议、村民议事会、村民理事会、村民监事会等，形成民事民议、民事民办、民事民管的多层次基层协商格局。江西横峰县王家村十分重视自治管理，自从1981年，王家从邻村拆分建村后，村民们拧成一股绳，开启了村民自治、民主管理的新历程。王家村于1995年，形成了第一部治村公约。2017年，围绕文化新村重新修订了《治村规约》，其内容丰富，涵盖了农民建房、小组干部（理事会）

评议选举、财务管理、山田管理、文化教育等内容。做到了村务管理有据可依，人人平等，持之以恒。在实践总结的过程中，王家村还制定了"十要十不要"的《村民准则》，作为全体村民的行为规范。30多年来，传承着端正方直的祖训家教，坚守着严谨细致的村规民约，全村没有出现一处违章建筑，没有一例违法犯罪案件，没有一起请上级入村调处的矛盾纠纷，没有一笔不透明的集体财务支出，没有一户有不良信用记录。

　　构建自治、法治、德治相结合的治理体系是十九大提出的新要求，中国乡村重在强化法治。坚持法治为本，树立依法治理理念，强化法律在维护农民权益、规范市场运行、农业支持保护、生态环境治理、化解农村社会矛盾等方面的权威地位。增强基层干部法治观念、法治为民意识，将政府涉农各项工作纳入法治化轨道。建立健全乡村调解、县市仲裁、司法保障的农村土地承包经营纠纷调处机制。加大农村普法力度，提高农民法治素养。健全农村公共法律服务体系，加强对农民的法律援助和司法救助。

　　道德教化是中国乡治的传统。治理有效要提升乡村德治水平。深入挖掘乡村熟人社会蕴含的道德规范，结合时代要求进行创新，强化道德教化作用，引导农民向上向善、孝老爱亲、重义守信、勤俭持家。建立道德激励约束机制，引导农民自我管理、自我教育、自我服务、自我提高，实现家庭和睦、邻里和谐、干群融洽。广泛开展好媳妇、好儿女、好公婆等评选表彰活动，开展寻找最美乡村教师、医生、村干部、家庭等活动。深入宣传道德模范、身边好人的典型事迹，弘扬真善美，传播正能量。

① 深圳市南岭村社区党群服务中心内，来自革命老区的村党支部书记们参观南岭村社区致富思源展览馆，听南岭村社区党委书记张育彪介绍南岭村社区党建经验和经济转型情况。（中国专题图库 供图）
② 北京郊区某村庄，基本实现了"干净、整洁、路畅、村绿"。（叶齐茂 摄）

167

168

乡村振兴，生活富裕是根本。生活富裕就是依靠自己的努力，实现人们对美好生活永无止境的追求。生活富裕要坚持人人尽责、人人享有，按照抓重点、补短板、强弱项的要求，围绕农民群众最关心、最直接、最现实的利益问题，一件事情接着一件事情办，一年接着一年干，把乡村建设成为幸福美丽新家园。

生活富裕要为农民开拓第三就业空间。第一就业空间是指传统农业，既不离土，也不离乡，但面临资源约束的局限性。第二就业空间是指进城打工，离土又离乡，但只是权宜之计，城乡二元制度下难有稳定生活，上不能赡养老人，下不能抚育孩子，夫妻不能团聚，家庭细胞破裂。第三就业空间是离土不离乡的就业。与西方人少地多的资源禀赋下的职业化农民不同，中国农民要通过兼业化致富，发展二、三产业。应当发展特色小镇，从专业户、专业村、专业片、专业市场到专业小镇、特色小镇，以特色小镇为载体，以特色为产业，以绿色为底色，以秀色为形象，聚人气，养财气，长生气。目前一些贫困地区农产品连初加工都没有做到，"披头散发，赤身裸体，没名没姓，来历不明"，农业要实现农产品增值，必须跟上时代需求，同时更要延长产业链，拓展功能链，提升价值链，发挥农业的多功能性，让农业生产的过程成为旅游观光的好去处，农业生产的方式成为科普体验的好去处，农业生产的环境成为养生养老的好去处。

生活富裕不可能人人都富裕，任何时代、任何国家都会存在一些既没有发展能力，也没有发展意愿的贫困群体，对于他们必须加强农村社会保障体系建设。完善统一的城

① 站在山东省诸城市竹山上俯瞰，这里环境优美，生态良好。这里将成为一个集生态休闲、中草药种植园、生态农业、采摘园等功能为一体的"生态庄园"。（中国专题图库 供图）
② 新型农村社区：湖南长沙县浔龙河生态艺术小镇。（中国专题图库 供图）

乡居民基本医疗保险制度和大病保险制度。完善城乡居民基本养老保险制度。统筹城乡社会救助体系，完善最低生活保障制度。构建多层次农村养老保障体系，创新多元化照料服务模式。健全农村留守儿童和妇女、老年人以及困境儿童关爱服务体系。只有健全的社会保障体系，才能使小康路上不落一人。

实施乡村振兴战略，必须解决人从哪里来的问题。要把人力资本开发放在首要位置，畅通智力、技术、管理下乡通道，造就更多乡土人才，聚天下人才而用之。

解决人的问题，要有一套合理的制度安排。既要让农村想进城谋生的人，在城镇安居乐业，也要让城里想为振兴乡村出钱出力的人，在农村有为有位，成就一番事业，还要让那些想为家乡做贡献的各界人士，能够找到参与乡村振兴的渠道和平台。

大力培育新型职业农民、加强农村专业人才队伍建设、发挥科技人才支撑作用、鼓励社会各界投身乡村建设、创新乡村人才培育引进使用机制是当务之急。要大力培育新型职业农民，全面建立职业农民制度，完善配套政策体系，实施新型职业农民培育工程。要加强农村专业人才队伍建设，建立县域专业人才统筹使用制度，提高农村专业人才服务保障能力，扶持培养一批农业职业经理人、经纪人、乡村工匠、文化能人、非物质文化遗产传承人等。要发挥科技人才支撑作用，深入实施农业科研杰出人才计划和杰出青年农业科学家项目，探索公益性和经营性农技推广融合发展机制，全面实施农技推广服务特聘计划。要鼓励社会各界投身乡村建设，建立有效激励机制，以乡情乡愁为纽带，吸引社会各界投身现代农业，支持乡村建设，制定鼓励引导工商资本参与乡村振兴的指导意见，落实和完善融资贷款、配套设施建设补助、税费减免、用地等扶持政策，明确政策边界，保护好农民利益。

① 2010年1月28日，河南省社旗县桥头镇桥头村农民杨梅莲等领到养老保险金喜不自禁。（宋同杰 摄）

② 毛汝兵（右）毕业于中国科学院植物研究所，他与朱建花（左）都在成都翼展集团巴中市光雾山植物研究所工作。引进成都翼展集团便是槐树村成功的"筑巢引凤"案例之一。（中国专题图库 供图）

③ 山东省诸城市竹山的苗木种植技术人员指导村民种植果树，提高产量产值。（中国专题图库 供图）

③

要发挥工会、共青团、妇联、科协、残联等群团组织的优势和力量，支持农村产业发展、生态环境保护、乡风文明建设、农村弱势群体关爱等。

"让出力者出彩，让有为者有位，让吃苦者吃香，让流血者流芳"，应成为乡村振兴人才战略的制度性安排。

实施乡村振兴战略，必须解决钱从哪里来的问题。要健全投入保障制度，创新投融资机制，加快形成财政优先保障、金融重点倾斜、社会积极参与的多元投入格局，确保投入力度不断增强、总量持续增加。

确保财政投入持续增长是解决资金问题的主渠道。公共财政更大力度向"三农"倾斜，加快建立涉农资金统筹整合长效机制，充分发挥财政资金的引导作用，撬动金融和社会资本更多地投向乡村振兴。拓宽资金筹集渠道是解决资金问题的关键措施。长期以来，土地出让收益是"取之于乡，用之于城"，直接用于农村建设的比重很低，要创新政策机制，把土地增值收益这块"蛋糕"切出更大的一块用于支持脱贫攻坚和乡村振兴。严格控制未利用地开垦，集中力量推动高标准农田建设，建立高标准农田建设等新增耕地指标和城乡建设用地增减挂钩节余指标跨省域调剂机制，将所得收益通过支出预算全部用于巩固脱贫攻坚成果和支持实施乡村振兴战略。提高金融服务水平是解决资金问题的重要环节。坚持农村金融改革发展的正确方向，健全适合农业农村特点的农村金融体系，推动农村金融机构回归本源，把更多金融资源配置到农村经济社会发展的重点领域和薄弱环节，更好地满足乡村振兴多样化的金融需求。

"三三" 统领

SANSAN TONGLING

　　食为政首，农为邦本。习近平总书记高度重视"三农"工作，党的十八大以来，对做好"三农"工作提出了一系列新理念、新思想、新战略，科学回答了新时代"三农"工作的重大理论和实践问题，为新时代中国特色社会主义"三农"工作指明了方向。

习近平新时代中国特色社会主义"三农"思想是习近平新时代中国特色社会主义思想的重要组成部分，内容涵盖"三农"各个方面，科学回答了新时期"三农"发展的许多重大理论与现实问题，体现了习近平总书记对"三农"问题的深入研究、深谋远虑和深厚感情，是指导我国农业农村发展取得历史性成就、发生历史性变革的科学理论，也是实施乡村振兴战略、做好新时代"三农"工作的行动指南。

在习近平新时代中国特色社会主义"三农"思想的系列重要论述中，"三个必须""三个不能""三个坚定不移"最为系统和鲜明，具有统领性地位，是其"三农"思想体系中的精髓所在。

2013年12月，习近平总书记在中央农村工作会议上提出："中国要强，农业必须强；中国要美，农村必须美；中国要富，农民必须富。""三个必须"深刻阐明了"'三农'强、美、富"与"国家强、美、富"之间的关系，表明"三农"问题是关系中国特色社会主义事业发展的根本性问题，是关系我们党巩固执政基础的全局性问题，这是对"三农"工作基础性地位的总把握。农业基础稳固，农村和谐稳定，农民安居乐业，整个大局就有保障，各项工作都会比较主动，因此，需要不断加大强农、惠农、富农政策力度，始终把"三农"

① 袁隆平，中国研究杂交水稻的创始人，世界上成功利用水稻杂交优势的第一人。他于1964年开始从事杂交水稻研究，并于1981年荣获我国第一个国家特等发明奖，被国际上誉为"杂交水稻之父"。（王精敏 摄）

② 土地是农民的万世之本，农村变革解放了亿万农民，他们将在其他产业上的收入大都转入了他们割舍不下的土地上。这是宁夏吴忠市古城乡一位技高一筹的水稻育秧专业户专门向种水稻的农户供应秧苗。（一瞥编辑部 组稿）

工作牢牢抓住、紧紧抓好。

2015 年 7 月，习近平总书记在吉林调研时指出："任何时候都不能忽视农业、不能忘记农民、不能淡漠农村。""三个不能"表明了把解决好"三农"问题作为全党工作重中之重不能动摇的态度，在任何时期、任何情况下都始终坚持强农、惠农、富农政策不减弱、推进农村全面建成小康社会不松劲。"三个不能"蕴含着习近平总书记一贯重视"三农"问题的深谋远虑和深厚情怀，再一次明确我们党"在经济上保障农民的物质利益、在政治上尊重农民的民主权利"的宗旨使命，为正确认识和做好新形势下的"三农"工作指明了方向。

2016 年 4 月，习近平总书记在安徽凤阳县小岗村召开的农村改革座谈会上强调："要坚定不移深化农村改革，坚定不移加快农村发展，坚定不移维护农村和谐稳定。""三个坚定不移"申明了中央进一步推进农村改革、发展、稳定的决心，在关键时期释放了党中央高度重视"三农"工作的强烈信号，是加快深化农村改革的响鼓重槌。"三个坚定不移"让我们更加深刻地认识到改革的历史必然性和现实紧迫性，更加自觉地把握农村改革对于全局发展的重大意义，更加坚定不移地肩负起深化农村改革的历史使命。

习近平总书记关于"三农"工作的重要指示体现了人口大国、发展中大国的基本立足点，体现了对基本国情的深刻把握。近年来，我国农业现代化稳步推进，主要农产品供应充足，农民收入持续增长，取得了非常了不起的成就。但我国农业基础仍然薄弱，农村发展仍然滞后，农民收入仍然不高。在新的历史条件下，农业在国民经济中的基础地位没有变，农民是最值得关怀的最大群体的现实没有变，农村是全面建成小康社会的短板没有变。

① 四川丘陵山区农民种植的雪梨丰收了。（中国专题图库 供图）
② 三江平原位于黑龙江、松花江、乌苏里江汇流处，是由于长期的构造下陷和三江的泥沙堆积所形成的低洼平坦的平原。这里是全国著名的粮食产区。（人民画报社 组稿）

① 山西省阳城市皇城相府生态农业观光园内游客络绎不绝。(中国专题图库 供图)

② 皇城相府生态农业园区，汇聚大江南北珍奇植物，展现大千世界无奇不有。步入园区，奇花异卉，盆景园艺，琳琅满目，五彩缤纷；热带雨林、奇特瓜果，令您充满好奇，大开眼界；澳洲龙血树、非洲马蹄莲、红豆杉及银杏园、樱花园、奇树园，会让您领略到大千世界的奇妙和美丽；芳香植物、药用植物、珍稀植物，会为您送来天然的芳香和健康的享受；太空育种、无土栽培的高新技术和一棵能产2万多个晶莹果实的水培西红柿树……(中国专题图库 供图)

③ 江西省吉安农村公路。(周玮 摄)

改革开放以来，我国取得了举世瞩目的成就，我们从未像今天这样接近实现中华民族伟大复兴的目标。习近平总书记指出，没有农业现代化，没有农村繁荣富强，没有农民安居乐业，国家现代化是不完整、不全面、不牢固的。当前经济社会发展的各种矛盾错综复杂，稳住农村、安定农民、巩固农业，狠抓"三农"，才能把握发展的主动权。

始终坚持全心全意为人民服务的党的根本宗旨，把实现好、维护好、发展好广大农民群众的根本利益作为做好"三农"工作的标尺是新时代中国特色社会主义"三农"工作的落脚点。只有通过不断改革，让农业强起来、让农村美起来、让农民富起来，农民群众才会更加拥护党，才会紧密团结在党的周围，才能不断巩固党长期执政的基础。中国共产党正是由于在不同时期都能正确处理农民问题，使广大农民拥护党、跟党走，才从一个胜利走向又一个胜利。习近平总书记强调，党中央的政策好不好，要看乡亲们是笑还是哭，如果乡亲们笑，这就是好政策，要坚持；如果有人哭，说明政策还要完善和调整。农民群众根本利益的集中体现就是农民的发展权问题，农民发展权是农民各项权力的总和。改革开放以来，农民的发展权不断得到提升，大体分为五个层面。一是宽政。20世纪80年代连续五个"一号文件"中"可以、可以、也可以""允许、允许、也允许"这样的词汇出现了30多次。二是少取。在"人民事业人民办"的口号激励下，各方都向刚吃饱饭的农民伸手，中央下决心减轻农民负担，直到2006年彻底取消农业税，由少取到不取。三是多予。随着国力的增强、财力的提高，国家已由以农养政进入以工以商养政时代，农民补贴多达几十项，农村也实现了通路、通水、通电、通广播、通宽带，九年义务教育全面实施，合作医疗大病统筹普遍推行。四是赋权。自由迁徙权：中小城乡户口全面放开。参政议政权：同票同权，城乡按同一比例分配人大、政协名额。生活保障权：脱贫攻坚全面实现"两不愁三保障"。财产权：承包地和宅基地实行三权分置，方便流转增值。五是优先。十九大报告中习近平总书记明确提出优先发展农业农村。这实质上是优先发展农民的发展权。确保农民发展权的优先发展，才是解决"三农"问题的关键所在、根本之道。

习近平关于"三农"工作的重要论述，继承发展了我们党一贯坚持的重农、强农战略思想，明确了新时期我国"三农"工作的主攻方向和工作基调，是做好新时期"三农"工作的基本遵循。当前我国农业处于转型升级的关键时期，

面临发展方式相对粗放、资源环境约束趋紧、主体素质总体偏低、结构性矛盾比较突出等一系列问题，要扎实推进农业农村改革发展，稳步实施乡村振兴战略，最终让农业强起来，让农村美起来，让农民富起来。

习近平总书记有着丰富的基层农村工作经验，因而总是能用深入浅出、善接地气的语言阐释"三农"重大问题，一语中的，直指要害。既讲大逻辑又说大众话，体现了习近平总书记对农业农村发展的深刻洞察、对农民的殷殷情怀。比如，"中国人的饭碗任何时候都要牢牢端在自己手上""小康不小康，关键看老乡""望得见山，看得见水，记得住乡愁""绿水青山就是金山银山"……这些生动语言通俗易懂，精彩活泼，是习近平总书记系列重要讲话高瞻远瞩与深接地气的完美结合。系统研学、深刻领略习近平总书记的"三农"情怀和战略智慧是所有"三农"工作者的必修课。

18 世纪之前的中华民族一直是人类文明的引领者，乡村振兴其实质是复兴我们先辈创造的农业文明的辉煌，对此，我们有决心更有信心。天戴其苍，地履其黄，红日初升，其道大光！"潮平两岸阔，风正一帆悬"，航路已开，航标已定，"三农"崛起正有时，乡村振兴不是梦！

① 中国最美的乡村——江西省婺源家家户户。（李子青 摄）

180